HEYNE <

Jana Haas
Unter Mitarbeit von Diane Zilliges

Der Blick hinter den Horizont

Warum unsere Seele unsterblich ist

WILHELM HEYNE VERLAG
MÜNCHEN

6. Auflage
Originalausgabe 02/2024

in der Penguin Random House Verlagsgruppe GmbH,
Neumarkter Straße 28, D-81673 München
produktsicherheit@penguinrandomhouse.de

Umschlaggestaltung: Guter Punkt, München,
unter Verwendung eines Motivs von © Kroshanosha / iStock / Getty Images Plus
Satz: Satzwerk Huber, Germering
Druck: GGP Media GmbH, Pößneck
Printed in Germany
ISBN 978-3-453-70476-3

www.heyne.de

Inhalt

»Gerade als die Raupe dachte,
alles sei zu Ende, wurde sie zum Schmetterling.«

Zur Einstimmung: Der ewige Kreislauf des Seins

»Seit ich dich von den Seelen Verstorbener sprechen hörte, habe ich die Angst vor dem Tod verloren. Ich konnte eine liebe Angehörige friedvoll verabschieden und sehe in allem viel mehr Sinn. Diesseits und Jenseits sind zu einem Ganzen geworden, in dem die Liebe die größte Kraft ist.«

Worte dieser Art sind mir in den letzten Jahrzehnten sehr oft gesagt worden – und ich wünsche mir, dass du nach der Lektüre dieses Buches etwas Ähnliches sagen könntest, was auch immer dich hierhergeführt hat.

Es gibt ein Leben und ein Sterben im Diesseits. Und es gibt ein Leben und ein Sterben im Jenseits. Beide machen den ewigen Kreislauf unseres Seins erst rund. Wir sind hier auf der Erde, um Erfahrungen mit uns selbst in einem Körper und im Miteinander mit anderen Wesen zu machen – und danach sammeln wir Erfahrungen in den geistigen Welten. In unserer Entwicklung wiederholt sich das Geborenwerden und Sterben endlos, mit einem Ziel: der wahren Liebe immer näher zu kommen. Finden können wir sie auf beiden Seiten – und in den Begegnungen dazwischen, von denen ich dir in diesem Buch erzählen möchte.

Es ist die Liebe, die alles verbindet

Die Beschäftigung mit Tod und Sterben, die spirituelle Sterbebegleitung, die Trauerbegleitung, die Arbeit mit den Seelen Verstorbener, das ist absolut mein Leben. Es ist für mich das Heiligste überhaupt. Und es ist offenbar für sehr viele Menschen ebenso wichtig und wertvoll. Wann immer ich in meinen vielen Seminaren – ob in Seminarhäusern oder online – das Thema Jenseits anspreche, explodieren die Fragerunden. Es ist ein Fass ohne Boden. Daher wurde es wirklich Zeit für dieses Buch, in dem ich mich intensiv und mit ebenso viel Freude wie Demut diesem Thema widmen werde.

Ich möchte dir in den folgenden Kapiteln eine ganze Reihe von lebendigen Fallbeispielen erzählen, daneben aber auch Gebete und kleine Meditationen anbieten, die dir in allen Belangen in Bezug auf Tod und Sterben helfen können – ganz gleich, ob es um deinen eigenen Tod geht, ob du Sterbende begleitest, ob du um jemanden trauerst oder wiederum Trauernde begleitest. Wenn ich jetzt – zum zweiten Mal in meinem Leben – ein umfassendes Buch über Tod und Sterben schreibe, dann steht dabei ein ganz und gar liebevolles Bewusstsein im Mittelpunkt, egal womit wir uns im Detail während der folgenden Kapitel beschäftigen werden. 2012, vor mehr als zehn Jahren, ist mein Buch *Jenseitige Welten* erschienen, das sich dem gleichen Thema gewidmet hat. Und doch ist es ein völlig anderes Buch, vor allem natürlich, weil ich mittlerweile noch zehn Jahre länger all die Zusammenhänge in mir reifen und sich entwickeln lassen konnte und eine große Zahl an weiteren

Erfahrungen in der Sterbebegleitung, der Trauerbegleitung und dem Kontakt mit den Seelen im Jenseits machen konnte. Mit dem Buch, das du jetzt in deinen Händen hältst, geht es mir gar nicht so sehr um die Vermittlung von sachlichen Informationen – obwohl auch das eine Rolle spielen wird –, vielmehr möchte ich mit dem, was ich hier schreibe, deine Seele streicheln und die Seelen all der Menschen, die mit dem Tod konfrontiert sind. Meine persönlichen Erfahrungen und ein paar grundlegende praktische Anregungen werden dabei im Vordergrund stehen.

Alles, was ich hier schreibe, kommt aus einem liebevollen Bewusstsein. Ich erwähne das noch einmal, weil mir so oft auffällt, dass ich mit dem Thema Tod und Jenseits recht pragmatisch umgehe, mit einer für viele Menschen erstaunlich großen Leichtigkeit. Das kommt einfach daher, dass ich schon mein ganzes Leben lang hellsichtig bin. Ich kann sehen, dass ein Mensch, den ich liebe, weiterlebt, wenn er seinen Körper verlassen hat. Die Seele bleibt bestehen, ich kann sie wahrnehmen und mit ihr kommunizieren. So etwas wie den Tod – in der Form, wie wir ihn üblicherweise meinen – gibt es für mich also gar nicht. Wenn ich an manchen Stellen dieses Buches für dich vielleicht etwas zu nüchtern oder zu unbeschwert über etwas schreibe, was dir gerade Schmerz und Trauer abverlangt, dann ist das in keiner Weise böse oder unachtsam gemeint. Ich versuche aus meinen Erfahrungen heraus, einfach mit Leichtigkeit an dieses Thema heranzugehen – und zugleich habe ich alle Demut, jedes Mitgefühl und tiefstes Verständnis für all die Gefühle, die auch dazugehören, für Traurigkeit, Verlustängste, Orientierungslosigkeit, für Verlassenheit und den großen Schmerz über einen Verlust. Und auch ich bin nicht frei von diesen Emotionen und von Verlustängsten.

Es ist mein großer Wunsch, dass du mithilfe meiner Worte ebenfalls mehr Leichtigkeit in dem erfahren kannst, was dich zu diesem Buch greifen ließ. Das Erkennen der größeren Zusammenhänge zwischen Himmel und Erde lässt uns wahren Frieden finden, mit dem Leben wie mit dem Sterben. In unserem Alltag und in unserer gegenwärtigen Kultur sind wir davon weit entfernt und so ist das, was wir hier unternehmen, vor allem eine Bewusstseinsreise. Die schließt auch mit ein, dass wir uns von überkommenen Weltbildern verabschieden dürfen, die alles in Hell und Dunkel, Gut und Böse einteilen und daraus moralische Regeln ableiten. Genau diese Vorstellungen sind es so oft, die den Menschen in Bezug auf den eigenen Tod und den ihrer Lieben Angst machen.

Auf einer Bewusstseinsreise geht es niemals um den erhobenen Zeigefinger. Es geht nicht um Himmel oder Hölle, um Richtig oder Falsch. Es geht um Erfahrungen, die uns letztlich immer zu einem Ziel hin tragen: zum Bewusstsein der allumfassenden Liebe, die alles zusammenhält, im Diesseits wie im Jenseits. In diesem Sinne berichte ich dir hier vor allem von den Erfahrungen, die ich in meiner Hellsichtigkeit gemacht habe. Dieses Richtig oder Falsch ist dabei niemals aufgetaucht und auch kein strafender oder lobender Gott. Was ich vielmehr lernte und weitergeben möchte, ist: Spiritualität ist pures Getragensein und hat nichts damit zu tun, dass wir als Lebende oder als Tote bewertet werden.

Fühlen, was es zu fühlen gibt

Natürlich gibt es, wenn wir uns mit dem Sterben und dem Jenseits befassen, so manche emotionale Talfahrt. Doch meine Absicht aus meiner spirituellen Erfahrung und auch von meinem Wesen her ist es immer, dir dabei zu helfen, in voller Schönheit zu erstrahlen und dich am Leben und an deinen Lieben auf der Erde wie im Himmel zu erfreuen. Erfreue dich an diesem großen geheimnisvollen Leben, das immer auch den Tod miteinschließt. Ich möchte dir hier zu Beginn ganz ausdrücklich sagen: Erlaube dir, alle Gefühle zuzulassen, die in dir beim Lesen dieses Buches aufsteigen mögen und überhaupt im Prozess um Tod und Sterben, in dem du möglicherweise gerade bist. Wir sind Menschen. Wir sind lebendige Seelen und die Gefühle, die uns bewegen, machen uns berührbar. Sie machen uns menschlich. In diesem Leben auf der Erde geht es ja vor allem darum, sich selbst in dieser inkarnierten Form mit allem zu erfahren, was dazugehört. Gefühle und Emotionen sind dabei auf jeden Fall wesentlich. Selbsterfahrung als Mensch geschieht vorrangig auf der emotionalen Ebene. Gerade, wenn uns der Tod einen lieben Menschen nimmt, sind wir emotional gefordert – und wir dürfen das auch sein.

Unser Weg durch die einzelnen Kapitel dieses Buches kann alle möglichen Gefühle in dir hervorrufen. Du kannst dich zeitweise verwirrt fühlen, inspiriert, geklärt, berührt, traurig, dann wieder euphorisch, stark und plötzlich schwach, verletzlich, groß und alles, was es noch an Gefühlsschattierungen gibt. Sie alle sind so wichtig dafür, dass du als Mensch dein Herz öffnen und zu Selbstliebe und Urvertrauen finden kannst. Diese ungeheuer großen Themen Tod und Sterben, Liebe und Trauer, sie lösen wie kaum etwas anderes im Leben enorme Entwicklungsschritte in uns aus – wenn wir uns ihnen öffnen und den damit zusammenhängenden Gefühlen Raum geben. Die Selbsterkenntnis, die dir aus alldem erwachsen kann, lässt dich am Ende furchtloser sein und erlaubt dir, das Leben mit allen Sinnen mehr zu genießen.

Warum es sinnvoll ist, sich schon zu Lebzeiten mit dem Tod zu befassen

Dass du jetzt in diesem Buch liest, zeigt, dass du zu diesen Menschen gehörst, die sich schon während ihres Lebens bewusst mit der Endlichkeit des irdischen Daseins beschäftigen. Vielleicht trauerst du gerade um einen geliebten Menschen oder erlebst, wie jemand, der dir nahesteht, einen schweren Trauerprozess durchmacht. Vielleicht begleitest du jemanden im Sterben oder bist dir dessen bewusst, dass dein eigener Tod näher rückt. Die Gründe können ganz unterschiedlich sein – und doch ist es nicht selbstverständlich, sich wirklich aktiv mit dem Sterben und dem Jenseits auseinanderzusetzen.

Einerseits werden Menschen wie ich, die schon ein Leben lang einen etwas intensiveren Zugang zum Tod erfahren haben und anderen davon berichten, mit Fragen regelrecht überfallen. Es gibt also ein enorm großes Interesse. Auf der anderen Seite aber werden die meisten Menschen, die du auf der Straße ansprechen könntest, nichts damit zu tun haben wollen. Für den Großteil der Menschen sind die wesentlichen Fragen eher materieller Art. Wie viel Geld habe ich auf dem Konto? Was ist im Kühlschrank? Für das Jenseits interessieren sie sich nicht. Selbst wenn sie in ihrem Umfeld auf irgendeine Weise mit dem Tod konfrontiert werden, ziehen es die meisten doch vor, das Thema schnell wieder weit von sich wegzuschieben. Sie leben rein materialistisch. Mit dem Tod endet für sie alles. Und genau diese Vorstellung ist so erschreckend, dass sie lieber nicht daran denken.

Wir sind in unserer Kultur beinahe ausschließlich auf das ausgerichtet, was man mit den physischen Augen sehen und was man anfassen kann. Wir gestalten uns ein schönes Zuhause mit möglichst viel Komfort und Sicherheit, wir sorgen für unsere Kinder, wir erledigen unsere Arbeit, wir sammeln Besitztümer – und wenn unser Leben dann unweigerlich zu Ende geht, bemerken wir, dass wir von all dem, was uns wichtig war, nichts mitnehmen können. Alles, was über das gesamte Leben hinweg Bedeutung hatte, wird verschwinden, wenn dieses Leben rein materialistisch verbracht wurde. So viele Menschen werden an diesem Punkt mit sehr heftigen Gefühlen konfrontiert, weil sie feststellen, dass sie ihr Leben so verbracht haben, als würden sie nie sterben. Sie erkennen, dass es eine Illusion war. Das Materielle stand so sehr im Vordergrund, dass die Gefühle, das Spirituelle, das pure Am-Leben-Sein viel zu kurz kamen.

So führen uns all die Fragen rund um Tod und Sterben immer auch zu dieser einen großen und wohl spirituellsten Frage: Was ist der Sinn des Lebens? Wenn wir ernsthaft an dieser Frage angekommen sind, heißt das nicht, dass uns sofort eine Antwort in den Kopf schießt. Doch wir kommen ganz eng mit der wahren Größe und Tiefe unseres Daseins in Berührung. Wir *erfahren* den Sinn, wir *erleben* ihn.

Es gibt zwei Momente, in denen wir so intensiv wie sonst nie den Sinn und die Lebendigkeit selbst spüren. Beide haben sie mit den Rändern des Lebens zu tun, mit dieser in Worten nicht zu fassenden Zone zwischen dem Diesseits und dem Jenseits. Der eine Moment ist, wenn jemand in unserem Umfeld stirbt. Wir fragen uns dann: Wohin ist dieser Mensch gegangen? Ist noch etwas von ihm bei uns? Wir stehen vor diesem unbegreiflichen Phänomen, dass er eben noch da war und jetzt auf eine so unbegreifliche Weise »weg« ist. Der andere Grenzmoment ist da, wenn in unserem Umfeld ein Baby geboren wird oder wir selbst Eltern werden. Dann fragen wir: Wo kommst du her, du neuer Mensch? Wo warst du vorher? Wie kann es sein, dass es dich nicht gab und plötzlich bist du da? Wir schauen in diese reinen Augen und fragen: Was bringst du alles mit in diese Welt? Was ist deine Geschichte, was ist dein Weg, deine Kraft, dein Sinn?

Das Wissen um den Tod und die Bewusstheit darüber, dass er zum Leben gehört, verleihen unserem Dasein aus meiner Erfahrung eine viel größere Tiefe und geben ihm erst einen Sinn. Bei mir selbst ist es so, dass ich jeden einzelnen Tag meines Lebens bewusst auskoste und bei aller Geschäftigkeit die Liebe, das Miteinander und den Genuss des Am-Leben-Seins in den Mittelpunkt stelle, gerade weil ich um den Tod weiß. Ich bin ihm in meinem Leben schon unzählige Male begegnet. Ich kam als Frühchen zur Welt und hatte da bereits mehrere Nahtoderfahrungen. Mit sechs Jahren bin ich in einem See beinahe ertrunken und erlebte dort meinen Tod. Ich bewegte mich auf ein warmes, ungeheuer einladendes Licht zu – bis mir mein Schutzengel erschien und sagte, dass meine Zeit noch nicht gekommen sei. Also blieb ich in dieser Inkarnation, von Anfang an um den Tod und das Jenseitige wissend. In meinen ersten Lebensjahren allerdings war das alles andere als leicht. Ich sah unzählige Seelen Verstorbener, die sich von mir in meinem Licht angezogen fühlten, doch ich wusste nicht damit umzugehen. So zwang mich das Leben, mich schon sehr früh mit den ganz großen Fragen unseres Daseins zu beschäftigen. Zu den Ergebnissen dieses Prozesses gehört auch dieses Buch, das du jetzt in deinen Händen hältst. Und es gehört die tiefe Erkenntnis dazu, dass es die Liebe ist, die alles in dieser Welt zusammenhält. Diese Liebe wird auch in den Kapiteln dieses Buches, auf jeder seiner Seiten und in jeder seiner Zeilen, in jeder Fallgeschichte und in jeder praktischen Anregung die Grundschwingung sein.

Ich habe schon sehr früh verstanden: Würden wir nicht sterben müssen, hätte das Leben gar keinen Sinn. Dann würden wir noch mechanischer, noch mehr auf das Materielle orientiert, noch rationaler sein. Es gäbe keine Möglichkeit der Weiterentwicklung und damit auch keine Sinnhaftigkeit. Gerade die Vergänglichkeit unseres physischen Daseins bewirkt, dass wir uns überhaupt unseren Gefühlen zuwenden, dass wir auch die schmerzhaften Seiten des Lebens erforschen und transformieren, dass wir das Liebevolle und Mitfühlende ins Zentrum stellen, weil wir angesichts der Krisenhaftigkeit und der Endlichkeit unseres Lebens immer mehr an Tiefe gewinnen.

Wir können beobachten, dass die Natur überhaupt kein Problem mit dem Werden und dem Vergehen hat. Im Frühling blüht alles auf, im Sommer steht es in seiner vollen Kraft und im Herbst lassen die Bäume ihre Blätter fallen und das Grün zieht sich zurück. Im Winter liegt die Natur still, erinnert uns vielerorts tatsächlich an den Tod – und doch sind an den Zweigen der Bäume Knospen und damit das Weiterleben sichtbar. Im Frühjahr beginnt der Kreislauf von Neuem und es ist kein Kampf darin, kein Widerstand gegen die natürlichen Zyklen.

Da ich mir dieser großen Zyklen des Lebens, zu denen immer auch der Tod gehört, bewusst bin, hinterfrage ich jeden einzelnen möglichen Kampf im Leben. Auch den gegen das Älterwerden, mit dem sich jeder Mensch auseinandersetzen muss. Wir haben immer die Wahl, ob wir mit Freude, Sinnlichkeit, Genuss, Dankbarkeit und Wertschätzung für unser Leben älter werden oder frustriert und mit wachsendem Altersstarrsinn. Der unweigerlich näher rückende Tod kann uns so viel mehr an Tiefe und Bewusstheit schenken. Nicht umsonst haben sich die Mystiker der unterschiedlichsten Kulturen immer intensiv mit ihm befasst und uns Menschen zugerufen: »Lebt stets im Angesicht des Todes.« Für viele Ohren klingt das erschreckend und sehr ernst. Doch es hat zugleich eine große Leichtigkeit, es sagt nämlich auch: Sei dir bewusst, dass morgen alles vorbei sein kann. Nimm die Dinge nicht zu ernst und schöpfe diesen Tag voll aus.

Ich habe mir diesen Satz schon sehr früh zu eigen gemacht und immer, wenn ich mich über etwas ärgere, was natürlich auch bei mir vorkommt, dann fasse ich mir an meine eigene Nase und frage mich: Janotschka, wird dich dieser Umstand im Jenseits noch interessieren? Bei den meisten Dingen ist die Antwort ein klares und erleichtertes Nein. Ich finde einen emotionalen Abstand und damit in meine Gelassenheit zurück. Ich habe wieder den Raum, mich mit dem zu befassen, was mir tatsächlich wichtig ist und es auch über dieses Leben hinaus sein wird: meine Familie zum Beispiel, die Beziehung zu meiner Tochter, die Liebe und Aufrichtigkeit in den Begegnungen mit anderen Menschen.

Wer den Tod ganz aus seinem Leben und seinem Bewusstsein aussperrt, lebt letztlich trostlos und ohne tieferen Sinn. Es ist nicht natürlich, diesen wesentlichen Teil des Lebens zu ignorieren und zu verdrängen. Zu allen früheren Zeiten der Menschheitsgeschichte waren Geburt und Tod Teil des Alltags – es wurde zu Hause geboren und auch zu Hause gestorben. So waren alle Menschen in einem selbstverständlichen Bewusstsein der großen Zyklen des Lebens geborgen. Das kennen wir heute nicht mehr und so sind viele völlig überfordert, wenn der Tod in irgendeiner Weise in ihr Leben kommt. Es ist frustrierend, für sich selbst und andere, die gerade mit dem Sterben und der Trauer zu tun haben, einfach keine Antworten zu wissen. Beinahe unsere gesamte Gesellschaft hat keine solchen Antworten mehr. Im Christentum wurde vor einigen Jahrhunderten auch der Gedanke an die Reinkarnation ausgelöscht, der vorher dort wie in vielen anderen Religionen und Lebensanschauungen ganz selbstverständlich verankert war. Ein weiterer Trost steht den Menschen damit nicht mehr zur Verfügung und so treiben sie recht ziellos umher, sobald es ums Sterben geht. Genau deshalb ist es mir auch so wichtig, in meinen Seminaren darüber zu sprechen, meine Ausbildung zur Cosmogetischen Sterbe- und Trauerbegleitung anzubieten und natürlich dieses Buch hier zu schreiben. Es kann uns allen im Leben viel mehr Halt, Stabilität und auch Mitgefühl und Liebe geben, wenn wir uns mit diesen großen Themen auseinandersetzen – fühlend und verstehend.

Das Göttliche in uns – und die Illusion des Bösen

Entgegen allen gesellschaftlichen Neigungen, beim Tod lieber nicht hinzuschauen, gibt es viele Menschen, die sich hier eine intuitive Klarheit bewahrt haben und dem Thema nicht ausweichen. In einem Seminar beispielsweise kam einmal eine Krankenschwester auf mich zu und erzählte, dass sie immer dann, wenn im Krankenhaus jemand stirbt, spüren würde, wie ein Hauch durch den Raum weht. Sie hat dann intuitiv das Bedürfnis, ein Fenster zu öffnen oder zumindest anzukippen, und dann scheint dieser leichte Windzug tatsächlich hinauszugehen. Der Raum wirkt daraufhin geklärt und frei. Sie wollte von mir wissen, ob ihre Wahrnehmungen richtig sind. Gibt es da etwas? Diese Frage stellen sich viele Menschen, die im Beruf oder im Persönlichen mit dem Tod in Berührung gekommen sind. Gibt es da etwas, was überdauert? Gibt es die Seele wirklich? Können wir sie spüren und mit ihr kommunizieren?

Für mich ist die Antwort auf diese Fragen ganz selbstverständlich ein Ja. Seit meiner Kindheit nehme ich wahr, wie sich die Seelen von Verstorbenen, wenn sie den Körper verlassen haben, orientieren und ihren Weg nach oben finden müssen. Eigentlich ist es für sie ganz leicht, sich für das Licht zu entscheiden, denn die Seele ist göttlich. Sobald sie den Körper abgestreift hat, kann sie wieder frei und leicht in die nichtstofflichen Sphären hineingehen.

Ja, die Seele ist göttlich und damit ist das Göttliche in uns, was einmal mehr beweist, dass Vorstellungen wie eine Strafe in der Hölle oder ein Fegefeuer nicht stimmen können. Wenn das Göttliche in uns ist, dann gibt es niemanden, der uns bewerten und als böse oder brave Menschen einordnen könnte. Dann gibt es niemanden, vor dem wir uns rechtfertigen oder fürchten müssten. Es gibt einzig unser eigenes göttliches Bewusstsein – unsere Einheit mit dem höchsten Licht, dessen Teil wir sind.

Wenn es um Tod und Sterben geht, dann ist die Spiritualität so unbedingt wichtig und notwendig. Denn was sonst soll uns oder anderen Menschen, die mit Tod und Trauer konfrontiert sind, Trost und Hoffnung geben und auch neue Freude am Leben? Das hat nichts mit einem religiösen Glauben zu tun, wie dir dieses Buch sicherlich noch weiter deutlich machen wird. Meine Erfahrungen zeigen mir schon mein Leben lang, dass unsere göttliche Seele unsere physische Existenz überdauert und dass es die Liebe ist, die alles zusammenhält.

Lass mich dir dazu eine Geschichte erzählen, die auch gleich ein wenig illustriert, wie ich die jenseitigen Welten wahrnehme. Als Kind war ich mit meiner Aufmerksamkeit mehr bei den Toten als bei den Lebenden. Kein Kind sollte so etwas durchmachen müssen, zumal ich damit ziemlich allein gelassen war. In meiner Autobiografie *Mein Seelenweg ins Licht* erzähle ich ausführlich davon. Eines Tages jedenfalls starb meine geliebte Urgroßmutter in einem hohen Alter eines natürlichen Todes. Das war in der damaligen Sowjetunion, in der keine Religion gelebt werden durfte, doch diese alte Frau war tiefgläubig und hatte auch in dieser Zeit ihre geistige und spirituelle Heimat in ihrem orthodoxen Glauben, der noch einmal deutlich strenger ist als beispielsweise der Katholizismus. So war auch diese Urgroßmutter tief von der Vorstellung durchdrungen, eine Sünderin zu sein und nicht rein genug, sich direkt an Gott zu wenden. Man betete im orthodoxen Glauben zu einem Engel oder noch eher zu einem Heiligen als Übermittler. Sich direkt an Gott zu wenden – unmöglich. Gleichzeitig war es eine unglaublich liebevolle Frau, die vor allem aufgrund des Zweiten Weltkrieges ein sehr schweres Leben gehabt hatte. Zu uns Kindern war sie stets sehr fürsorglich und voller mitfühlender Aufmerksamkeit. Als sie nun gestorben war, sah ich ihre Seele neben ihrem Leichnam. Die Ausstrahlung, die ich an ihr so geliebt hatte, ging jetzt nicht mehr von ihrem Körper aus, sondern von ihrer Seele. Ich hatte als Kind schon so oft beobachtet, wie die Seelen ins Licht gehen – das war für mich vollkommen natürlich und absolut richtig. Die Seele dieser Frau aber wandte sich nicht ins Licht. Das erstaunte mich. Ich konnte das Licht über ihr genau sehen, aber sie schaute immer in die andere Richtung. Das göttliche Licht war so wunderschön und anziehend, doch diese Seele schien es nicht zu bemerken. Es hätte ihr regelrecht den Rücken wärmen müssen und dann hätte sie sich umdrehen können. Doch sie tat es nicht.

Mit einem Mal bemerkte ich, welche Gedanken ihr durch den Kopf gingen. Ich konnte sie hören. Immer und immer wieder, gebetsmühlenartig liefen die alten Glaubenssätze durch ihr Bewusstsein: »Ich bin eine Sünderin, ich bin der Nähe Gottes nicht würdig.« Diese Frau, die so fromm und liebevoll gelebt hatte, empfand sich nicht als wertvoll genug, ins göttliche Licht zu gehen. Sie glaubte, sündig und klein zu sein. Wenn ich heute daran denke, wird mir intensiv bewusst, was für ein machtvolles Instrument der Glaube ist. Ich für meinen Teil bin sehr vorsichtig damit, wem und welchen Inhalten ich meinen Glauben schenke. Wenn ich selbst lehre, fordere ich die Menschen deswegen immer auf, sich ihr eigenes Bild zu machen und alles selbst auf Stimmigkeit, Nachvollziehbarkeit und Umsetzbarkeit im Leben zu prüfen. Diese drei Qualitäten sind wesentlich, wenn wir uns Ideen zu eigen machen wollen. Bitte wende sie auch für die Inhalte dieses Buches an.

»Du gleichst dem Geist, den du begreifst«, hat Goethe in seinem *Faust* geschrieben. Meine Urgroßmutter hatte sehr viel Leid erlebt, es war ihr näher als die Freude und das göttliche Licht. Es schien eher zu ihrer Frequenz zu passen. Aufgrund dieser negativen Schwingung sah sich ihre Seele mit einem Mal in der tieferen Dimension statt in den höheren lichtvollen Welten. Dies bedeutet nichts anderes, als dass eine Seele in einer negativen Emotion verharrt. Diese Dimension liegt unterhalb der neutralen Eintrittsebene in die jenseitigen Welten. Diese Seele blickte sich um, konnte bis in die Hölle sehen, sah dort die leidenden Seelen von Mördern und Kriegern, von Diktatoren und Dieben, sie nahm all die Energie von Streit und Kampf wahr, die diese Seelen selbst nach ihrem Tod noch ausagierten. Sie schaute umher – ich konnte das alles mit ihr sehen und werde nie vergessen, wie sich ihr Ausdruck auf einmal veränderte. Sie registrierte: »Hier passe ich ja überhaupt nicht dazu!«

Aufgrund dieser plötzlichen Selbsterkenntnis veränderte sich bereits ihre Schwingung und sie stieg wieder nach oben, auf die Ebene der Eintrittspforte in das Jenseits. Ich nenne sie die neutrale Astralebene. Dort beobachtete sie andere Seelen, die schon etwas lichtvoller waren und aus ihrer Überzeugung heraus auf das Jüngste Gericht warteten und gar nicht versuchten, aus eigener Kraft dem Licht näher zu kommen. Die Seele meiner Urgroßmutter stellte wieder fest: »Hier passe ich nicht dazu. Das passt auch nicht zu mir.« Und schon schwang sie sich über diese neutrale Astralebene hinauf in die oberen Astralebenen hinein, in denen sie schließlich verschwand. Endlich hatte sie sich erlaubt, die Wärme des göttlichen Lichts zu spüren und sich umzudrehen, um ins Licht hineinzugehen. Auf den unteren und auf der neutralen Astralebene konnte sie mit ihrer höheren Schwingung nicht bleiben. Das war ihr klar geworden. Sie war bereit, in einen Erkenntnisprozess hineinzugehen und zu begreifen: »Okay, diese Inkarnation ist zu Ende, ich gehe nach oben ins Licht, ich folge dem inneren Ruf.«

Einige Zeit noch war ich mit der Seele meiner Urgroßmutter eng verbunden. Sie war mir eine große Hilfe in meiner geistigen Entwicklung. Nach dreizehn Jahren dann, ich war damals fünfundzwanzig Jahre alt, sah ich die Seele meiner Urgroßmutter zum letzten Mal. Sie stand eines Nachts an meinem Bett, ich wachte auf und sie sagte: »Janotschka, du brauchst mich nicht mehr.« Das war der erste Moment des bewussten Loslassens auch für mich. Ich musste diese liebevolle Frau, die meine Kindheit wärmer und ein wenig leichter gemacht hatte und die mir in den letzten Jahren wichtige Impulse aus dem Jenseits übermittelt hatte, nun gehen lassen. Es war traurig und doch spürte ich, dass es ihr gut ging und dass es richtig war, dass sie jetzt weiterzog. So verschwand jegliche Wehmut. Ich brauchte sie wirklich nicht mehr und es war ein Ausdruck meiner Liebe, dass ich sie ihren Weg gehen lassen konnte. Ich wusste, dass ich mein Leben nun allein meistern konnte.

Ich spürte, wie sie mir über die Haare streichelte. Und dann sah ich, wie sie und ihr Schutzengel sich innig verbanden und gemeinsam in ein sehr helles Licht eintraten. Nun hatte diese Seele alle alten Verbindungen hinter sich gelassen und sich mit ihrem Engel aufgemacht, einen neuen Seelenplan zu gestalten. Ganz im Sinne der Lebensaufgaben ihrer Seele. Es war gut und richtig – und ich habe von da an auch kaum noch an sie gedacht. Ihre Information war nicht mehr im Raum. Ihre Seele war nicht mehr da.

Irgendwann später fiel sie mir plötzlich ein und ich fragte mich, wo sie denn eigentlich sei. Da sah ich symbolisch einen Lichtschweif, der zur Erde zeigte. Ich wusste, dass es ihr gut geht, dass sie auf ihrem Weg und neu inkarniert ist. Nach wie vor fühle ich mich mit ihr auf eine Art übermenschliche Weise verbunden, frei von Sehnsucht, Melancholie oder irgendeinem Bedürfnis. Es ist ein schönes Gefühl von Glück. Denn die lichtvolle geistige Welt kennt keinen Stress und auch keine Verlustängste. Alles hat seine Richtigkeit. Alles ist pures Leben, das die unterschiedlichsten Formen und Gestalten annimmt.

Ich bin sehr dankbar dafür, dass mich meine Erfahrungen, so schwer sie manchmal auch waren, in ein liebevolles und hohes Bewusstsein geführt haben. Ich weiß: Egal, was passiert, ich will und ich kann in meiner liebevollen Kraft bleiben. Es will sich offenbar noch mehr durch mich entfalten. Und so wünsche ich mir aus ganzem Herzen, dass auch du mithilfe dieses Buches in dieses Urvertrauen hineinwachsen kannst, in dem du weißt:

Es kann mir nichts geschehen. Ich kann nie tiefer fallen als in Gottes Hände – in dieses Kraftfeld der Liebe und des All-Einen.

Zugleich wäre ich die Letzte, die behauptet, dass eine solche Art der spirituellen Meisterschaft eine leichte Übung wäre. Vor allem, wenn ich an Mütter oder Väter denke, die ein Kind verloren haben und damit einen unermesslichen Schmerz erleben. Meine persönlichen Heldinnen und Helden sind tatsächlich die Menschen, die es geschafft haben, ein großes Leid zu überwinden und genau durch dieses Leid auf einem intensiven Weg zu der Erkenntnis gekommen sind, dass sie ein Teil des Göttlichen sind und immer darin geborgen. Es sind Menschen, die großes Mitgefühl entwickelt haben.

Der Weg der Selbsterkenntnis, der immer die Beschäftigung mit dem Tod und der Endlichkeit des Lebens einschließt, führt uns letztlich aus dem Leiden heraus. Für jede und jeden von uns ist dieser Weg unterschiedlich. Ich hatte mein Leid auf meine Weise zu überwinden. Und du wirst es auf deine Weise getan haben und weiterhin tun. Der Weg des Erkennens, den wir auch hier gemeinsam mit diesem Buch gehen, stärkt uns für das Leben und für das Sterben. Selbsterkenntnis vermeidet langfristig Leid und offenbart die Liebe, die jede Lebenserfahrung für uns bereithält.

Gebete der Segnung und Heilung

Wir beschäftigen uns in diesem Buch mit nichts Geringerem als mit der größten Angst, die die Menschheit seit Jahrtausenden hat. Tod und Sterben, so unausweichlich sie für uns alle sind, werden zugleich verdrängt und sind mit einer unglaublich großen Angst behaftet. Je moderner sich eine Kultur nennt, umso stärker ist diese Angst vorhanden. Ich möchte dir daher gleich hier am Anfang ein bisschen Handwerkszeug mit auf den Weg geben, das du von heute an immer für dich nutzen kannst. Wann immer du mit Trauer, einem Verlust, der Trauer anderer oder dem nahenden Tod eines geliebten Menschen zu tun hast, können dir und den anderen vor allem kraftvolle Gebete sehr helfen. Nutze sie unbedingt auch, während du in diesem Buch liest und merkst, dass du dich vielleicht schwer oder überfordert fühlst. Ja, ich stelle diese Zusammenhänge sehr leicht und mit einer sicherlich außergewöhnlichen Freude dar. Dennoch können und werden unsere Themen hier und die Beispiele, die ich dir erzählen werde, das eine oder andere Gefühl in dir hervorrufen und sicherlich auch den einen oder anderen Entwicklungsprozess anstoßen. Dir sind dabei niemals die Hände gebunden, wenn du dich mit den geistigen Welten, mit deinen Engeln und mit der göttlichen Liebe in deinem Herzen verbindest.

Ein Gebet für die Seelen Verstorbener

Gebete sind Brücken zur Liebe, Brücken ins Licht. In diesem Buch wirst du einige finden und ein paar davon werden sich in Variationen auch wiederholen, weil sie so zentral sind. Sie sind jedes Mal hervorgehoben gedruckt, damit du sie leicht finden kannst. Vielleicht möchtest du auch in bewegten Momenten einfach durch die Seiten blättern, bis du »zufällig« an einem Gebet ankommst, das dir gerade helfen kann.

Mit dem folgenden Gebet kannst du dich an deine verstorbenen Lieben wenden, wenn du dir nicht sicher bist, ob sie ihren lichtvollen Weg als Seele bereits gefunden haben. Du kannst es auch anderen Menschen weiterschenken, die gerade einen Trauerprozess durchleben. Wie heißt es so schön? Solange wir an unsere Toten denken, sind sie nicht tot.

Also denk einmal an die Seelen von dir nahestehenden Menschen, die ihren Körper bereits verlassen haben. Denk an deine Lieben, die bereits gestorben sind. Spüre, dass sie in deinem Herzen geborgen sind, und schenk ihnen ein Lächeln. Sprich nun, wenn du magst, die folgenden Worte:

»Ihr Lieben im Jenseits, ihr seid im göttlichen Licht der Liebe immer willkommen. Ihr seid aus Liebe gemacht. So schaut nach oben ins Licht und folgt den Engeln. Meine lieben Gedanken begleiten euch. Und wisset: Euch wird nichts geschehen. Für uns alle wird immer gut gesorgt, wir können nie tiefer fallen als in Gottes Hände. Möge die Liebe uns leiten.«

Während du ruhig durchatmest, merkst du wahrscheinlich schon, dass eine gewisse Leichtigkeit in deinem Herzen, im Körper und um dich herum spürbar wird. Aus meiner Erfahrung sind wir sehr oft von Seelen umgeben, die nach dem Ende des physischen Lebens den Weg ins Licht noch nicht gefunden haben. Durch dieses kleine Gebet und vor allem die Worte »Schaut nach oben ins Licht und folgt den Engeln« können diese Seelen an ihren Weg nach Hause erinnert werden. Wenn du es sprichst, merkst du vielleicht, wie um dich herum Lichter aufleuchten und nach oben ziehen. Die Seelen, die jetzt dafür bereit sind, können gehen. Unabhängig davon, ob wir sie kennen oder nicht. Mit diesem Gebet können wir immer sehr viel Gutes tun und einen Prozess der Heilung und der Erlösung einläuten. Du kannst diese Worte auch sprechen, wenn du den Eindruck hast, dass an einem Ort Energien festhängen und etwas erlöst werden will. Und natürlich immer, wenn Menschen gestorben sind. Du darfst dabei wissen: Wann immer du Seelen dabei hilfst, ins Licht zu kommen, erlöst sich auch etwas in dir und heilt, bewusst und unbewusst.

Seelen einen Segen mitgeben

Dies ist eine ganz wesentliche und wundervolle Möglichkeit, der Seele eines Verstorbenen alles Gute auf ihren Weg mitzugeben. Du kannst diesen Segen mit dem eben besprochenen Gebet kombinieren, um es noch zu verstärken.

Nimm dir dafür einen Moment der Ruhe und atme erst einmal tief durch, um bei dir selbst anzukommen. Nimm dann beide

Hände vor dein Herz und bring sie in einen gewissen Abstand zueinander, sodass du zwischen deinen Händen eine Energie spüren kannst, ein Vibrieren, eine Schwingung, Wärme vielleicht oder Kribbeln. Wende dich dann in Gedanken oder laut an die lichtvolle geistige Welt und bitte um segensreiche göttliche Energie. Spüre, wie diese Energie des Lichts und der Liebe durch dich hindurch und durch deine Hände zu fließen beginnt. Forme nun mit leichten Bewegungen deiner Hände eine Kugel aus Energie und Licht. Lass sie so groß werden, wie es sich für dich stimmig anfühlt, und spüre ihr energievolles Pulsieren.

Nun sprichst du dein Gebet in diese Segnungskugel hinein. Wenn es dir um die Seele eines lieben Verstorbenen geht, sprichst du das Gebet direkt für diesen Menschen. Oder du wendest dich allgemein an mehrere Seelen.

> »Du liebe Seele im Jenseits, du bist im göttlichen Licht der Liebe immer willkommen. Du bist aus Liebe gemacht. So schau nach oben ins Licht und folge den Engeln. Meine lieben Gedanken begleiten dich. Und wisse: Dir kann nichts passieren. Für uns alle wird immer gut gesorgt. Möge die Liebe uns leiten.«

Nach den letzten Worten gibst du diese Kugel zwischen deinen Händen nach oben ab. Du gibst all diese liebevolle und lichtvolle Energie hinauf zu der Seele oder den Seelen, für die du gesprochen hast. Spüre dann nach, was sich in dir und um dich herum verändert.

Zum Abschluss bringst du deine Aufmerksamkeit wieder ganz zu dir selbst zurück. Wenn wir uns mit jenseitigen Welten beschäftigen, ist es sehr wichtig, immer wieder zu uns selbst ins Diesseits zurückzukehren und bewusst einen Abstand zu den geistigen Welten zu schaffen. Atme also tief durch, spüre dich selbst und sage zu dir: »Ich liebe mich.« Sei ganz bei dir.

Ein Gebet der Vergebung

Ein weiteres Gebet kann in deiner Auseinandersetzung mit dem Tod sehr wichtig werden. Es ist ein umfassendes Gebet der Vergebung, das du in den unterschiedlichsten Situationen für dich nutzen kannst. Manchmal haben wir ja mit unseren lieben Verstorbenen noch irgendetwas offen und dieses Vergebungsgebet kann dir dann auch über die Grenze zwischen Diesseits und Jenseits weiterhelfen.

Wenn du die folgenden Worte sprichst, fühle wirklich, was du sagst. Mach aus dem Beten ein heiliges Ritual, voller Achtsamkeit und Stille. Du kannst an einzelne Menschen denken oder einfach darauf vertrauen, dass dir diejenigen, mit denen noch Vergebung aussteht, einfallen werden.

> »Ich vergebe dir für das, was du getan hast, bewusst und unbewusst. Ich bitte dich, mir zu vergeben für das, was ich getan habe, bewusst und unbewusst. Ich bitte alle Menschen, dir zu vergeben für das, was du getan hast, bewusst und unbewusst. Ich bitte dich, allen Menschen zu vergeben für das, was sie getan haben, bewusst und unbewusst. Ich vergebe allen Menschen für das, was sie getan haben, bewusst und unbewusst. Ich bitte alle Menschen, mir zu vergeben für das, was ich getan habe, bewusst und unbewusst. Ich bitte die göttliche Kraft darum, dass wir die Kraft der Vergebung in unseren Herzen spüren. Und ich vergebe mir selbst für das, was ich getan habe, bewusst und unbewusst. Versöhnung und Erlösung liegen in mir.«

Ich schließe auch diese Gebetspraxis gern damit ab, dass ich dreimal tief durchatme und mir erlaube, Liebe für mich selbst zu spüren. Du kannst auch direkt sagen: »Das Göttliche ist in mir. Ich liebe mich.«

Bereit für intensive Erfahrungen?

Lass mich dir, bevor wir tiefer in die jenseitigen Welten hineinschauen, noch einen Hinweis geben. Du liest in diesem Buch, also zieht dich etwas an diesem Thema Jenseits stark an. Vielleicht geht es um deinen eigenen Tod, um den eines Angehörigen, den du im Sterben begleitest oder um den du bereits trauerst, oder du begleitest beruflich andere Menschen in ihrem Sterben oder in ihrer Trauer. Auch wenn eine gewisse Nähe zu diesem Thema bei dir also gegeben sein dürfte, kann es Ebenen geben, auf denen du nicht bereit bist für diese Art Erfahrung. Zum Beispiel habe ich manchmal in meinen Seminaren zum Thema Jenseits Menschen, die bei der gemeinsamen Arbeit in der Gruppe einschlafen, sodass sie den weiteren Verlauf dessen, was wir mit einer Seele besprechen, nicht mehr mitbekommen. Oft bringen einzelne Teilnehmerinnen und Teilnehmer ihre eigenen Erfahrungen mit und dann schauen wir, ob wir den Seelen ihrer Verwandten helfen können. Das aber kann für manche andere im Seminar auch zu viel sein.

Ich selbst kann dieses Wegschlafen sehr gut verstehen. Die ersten zwanzig Jahre meines Lebens war ich vollkommen überfordert mit all den Kontakten mit Verstorbenen, die ich mir nicht ausgesucht habe, sondern die mir einfach so passiert sind. Auf der seelischen Ebene war ich auf eine gewisse Weise natürlich bereit dafür, denn ich wollte daran lernen, um heute das tun zu können, was ich für so viele Menschen tue. Doch in den ersten Jahren war ich mehr als überfordert. Als Kind war ich vollkommen alleingelassen mit diesen Begegnungen, die mich extrem verängstigt haben. Ich hatte überhaupt kein Gespür für mich selbst und für meinen Körper. Ich war wie ein Nebel, durch den die Toten einfach hindurchgegangen sind. Ich wusste nicht, wohin ich gehöre – ins Diesseits oder ins Jenseits. Viele, viele Jahre der Erfahrung, des Leidens und des Lernens hat es gebraucht, bis ich meinen gesunden und heilsamen Umgang damit gefunden habe.

Heute bin ich sehr froh, dass mir dieser Weg vergönnt war und ich die innere Stärke hatte, ihn zu beschreiten. Auf diesem Weg habe ich jegliche Angst vor den jenseitigen Welten verloren. Und ich habe bei allem Mitgefühl und aller Liebe sehr viel Abstand gewonnen und gleichzeitig sehr viel Selbstbewusstsein und Empfinden für mich selbst entwickeln dürfen. Der Schlüssel ist die Gelassenheit. Die Gelassenheit, Eindrücke in Ruhe zu sortieren, schwierige Angelegenheiten der geistigen Welt zu übergeben und in großer Liebe in sich selbst verankert zu bleiben.

Wenn du in dir eine Überforderung spürst, vielleicht auch schon beim Lesen mancher Geschichten in diesem Buch oder natürlich im Umgang mit Sterbenden, Verstorbenen oder Trauernden, dann erinnere dich an diese Gelassenheit. Bitte deinen Schutzengel, für dich da zu sein, und kehre mit deiner Wahrnehmung ganz bewusst immer wieder zu dir selbst zurück, zu deinem Körper, zu deinem Atem, zum Boden, der dich trägt. Spüre Liebe zu dir selbst, denn die Liebe ist unsere größte Kraft.

Wir sind leicht überfordert, wenn wir uns nicht abgrenzen können und die Schicksale anderer gänzlich ungefiltert an uns heran und in uns hineinlassen. Mach dir immer wieder bewusst, dass du selbst das Zentrum deines Lebens bist. Nichts und niemand anderes. Es ist sicher wertvoll, sich verantwortlich zu fühlen, doch wenn wir es übertreiben, dann helfen wir damit niemandem.

Nicht alles verdient unsere Aufmerksamkeit. Wir dürfen uns auf das fokussieren, was uns hilft, was uns unterstützt und was auch anderen Erleichterung bringt. Und das finden wir zuallererst immer dann, wenn wir uns an die geistige Welt wenden.

Gerade wenn es um feinstoffliche Begegnungen mit Seelen und Verstorbenen geht, ist es immer besser, weniger wahrzunehmen und mehr sich selbst zu spüren. Achte darauf, gelassen in den Bauch zu atmen und den Kontakt und die Liebe zu dir selbst nicht zu verlieren. Erstaunlicherweise nimmst du auf diese Art noch viel mehr wahr oder besser gesagt: Auf diese Weise nimmst du das wahr, was wirklich hilfreich ist. Und wann immer du das Gefühl bekommst, dass es dir zu viel wird, dann nimm Abstand, atme durch, trink ein Glas Wasser und sortiere dich.

Es ist eine große Verantwortung, sich in die jenseitigen Welten hineinzubegeben. Deswegen bin ich auch Seminaren oder Büchern gegenüber sehr kritisch, die die Menschen einfach unvorbereitet in solche Welten und Wahrnehmungen hineinschicken. Natürlich können wir mit einem bestimmten Wissen und verschiedenen Techniken uns selbst und anderen Menschen auf wundervolle Weise helfen. Doch es braucht sehr viel Feingefühl und Erfahrung. Wir sollten hier lieber langsamer lernen als überstürzt.

Es gibt einen Trick, den ich dir gern verrate und den ich dich bitte, auch wirklich anzuwenden. Als ich mit meinen Wahrnehmungen überfordert war, habe ich irgendwann begonnen, meinen Engeln zu sagen:

> »Liebe Engel, bitte zeigt mir nur das, was sinnvoll und lichtvoll ist für meine Entwicklung und die Entwicklung aller anderen.«

Auf diese Weise reduzieren sich die Wahrnehmungen automatisch auf das Wesentliche. In diesem Geiste weißt du auch, dass etwas für dich aktuell nicht sinnvoll und nicht förderlich ist, wenn du es nicht wahrnehmen kannst. Manchmal bekommen wir einfach keine Informationen und das hat dann auch seinen Sinn.

Nach diesen Vorbemerkungen wünsche ich dir von Herzen, dass dich dieses Buch auf deinem weiteren Seelenweg und in deinem Umgang mit Tod und Sterben unterstützt und in dir Gelassenheit, Mitgefühl und Liebe reifen können. Jede Erfahrung mit einer menschlichen Seele, die ich im Jenseits beobachtet habe, betont die gleiche Botschaft: Das Göttliche ist in uns selbst. Es ist zu Lebzeiten in uns und es ist auch im Jenseits in uns. Es wechselt jeweils nur die Schwingungsebene, die Bewusstseinsebene. Ich kann daher sagen, dass ich mir wünsche, dass du dich am Ende dieses Buches sogar mit deinen Lieben im Jenseits freuen kannst. Mein ganzes Leben hat mich immer mehr zu dieser Freude geführt. Wir können ein ganz neues Bewusstsein in die Themen Tod und Sterben hineinbringen. Denn es sind Liebe und Freude, die uns im Diesseits ebenso wie im Jenseits leiten wollen. Liebe und Freude bringen alles in Bewegung. Aus unserer christlichen Prägung heraus sind wir es nicht gewohnt, uns allzu sehr am Leben zu freuen und erst recht nicht am Tod. Doch muss das so bleiben?

Wenn die Seelen einmal ihren Weg ins Licht gefunden haben, dann geht es ihnen gut. Dann gibt es keinen Grund, um sie zu trauern. Natürlich können wir traurig sein, dass wir bestimmte Dinge nicht mehr mit ihnen gemeinsam erleben können. Es ist ganz natürlich, um den Verlust, den man selbst erfahren hat, zu trauern. Doch den Verstorbenen geht es gut – sie sind im Kreislauf des Lebens einen Schritt weitergegangen. Dies zu begreifen, macht uns frei für ein erfülltes Leben.

Das unsterbliche Bewusstsein

Beginnen wir mit dem Höchsten, in das wir alle eingebettet sind, die Lebenden wie die Toten. Meine hellsichtigen Erfahrungen haben mich nicht zu der Vorstellung geführt, dass sich die Seele nach dem Tod eines Menschen wie ein Tropfen im Ozean auflöst. So wie ich die Welt und das Jenseits sehe und begreife, ist das individuelle Bewusstsein unsterblich und mit dem göttlichen Bewusstsein der All-Liebe zu jeder Zeit – im Diesseits und im Jenseits – verbunden. Im Jenseits, in der körperlosen Erfahrung, wird es uns nur noch mehr bewusst. Wir müssen also keinen Weg durchlaufen, keine Sünden abbauen und kein Karma neutralisieren, um Gott gleich zu sein. Das Göttliche ist bereits in uns. Die göttliche Kraft der All-Liebe und des Lebens erfährt sich durch unser individuelles Bewusstsein und unsere individuelle Liebe.

Alles ist eine Frage der Schwingung, der Frequenz, des Bewusstseinszustands. Im Diesseits erleben wir uns in der Dreidimensionalität auf die Art und Weise, wie sie uns hier eben vertraut ist. Im Jenseits hingegen ist unser Bewusstsein weiter und kann sich bis ins Unendliche ausdehnen. Dabei gibt es keinen Anfang und kein Ende – und in diesem Sinne auch keinen Tod. Es ist eher ein zyklischer Wandel im Bewusstsein, der sich im Sterben und im Geborenwerden vollzieht. Doch wer erlebt ihn? Was macht uns über unsere irdische Individualität hinweg aus? Was ist die Seele?

Was ist die Seele?

Ich beginne einmal damit, was unser Körper ist. Er ist eine maximale Verdichtung von Energie. Es muss Energie sein, denn sonst könnte es kein Wachstum und keine Weiterentwicklung geben. Die aber gibt es, wenn wir uns das physische Leben, das mit dem Embryo beginnt, vergegenwärtigen. Als maximale Verdichtung von Energie wird unser Körper beseelt von einer feineren Energie, die nicht so stark verdichtet ist. Dies ist unser Seelenleib, ein Gottesfunke in uns als die Summe all unserer Emotionen und unserer Lebendigkeit.

Die göttliche Gnade, wenn wir diesen Begriff verwenden möchten, liegt in unserer Fähigkeit, Liebe zu geben und Liebe anzunehmen. Das aber heißt, dass uns nicht Gott oder irgendeine Autorität gnädig sein muss, sondern diese zu uns gehörende Gabe zu lieben lässt uns alles in unserem Leben gestalten und sie lässt uns auch Krisen überstehen. Es ist eine Bewusstseinskraft. Wenn wir uns unserer spirituellen Natur der Liebe bewusst sind, dann wissen wir: Sie ist alles, was unsere Welt zusammenhält. Und dann wissen wir automatisch auch, dass das Leben nicht grausam ist und dass wir ihm nicht hilflos, elend und klein ausgeliefert sind. Wir begreifen unsere Schöpferkraft, die darin liegt, dass wir zwar nicht immer bestimmen können, was auf uns zukommt, aber immer, wie wir damit umgehen. Ob souverän, weise, liebevoll, mutig – oder eben elend und klein, ängstlich oder aggressiv.

In unserem menschlichen Leben geht es vor allem darum, dass unser Körper uns die intensivsten physischen und emotionalen Erfahrungen schenkt, an denen wir wachsen. Denn als Seele im Jenseits können wir das allerschönste Lichtlein sein, aber wir können uns nicht wahrnehmen, dies können wir nur mit unserem physischen Körper.

Die Seele ist das Licht Gottes oder wie man früher sagte, der Hauch Gottes, der Atem Gottes. Aus meiner Sicht ist sie auch die Summe all unserer emotionalen Erfahrungen, deren höchstes Gefühl die Liebe ist. Damit macht sie immer auch unsere Persönlichkeit aus, unser Wesen, unsere Widerstandsfähigkeit, unsere Selbstheilungskräfte und zugleich unser unsterbliches Bewusstsein.

Wir können die Seele spüren, insbesondere wenn jemand gestorben ist. Vielleicht kennst du das auch, nicht nur von einem lieben Menschen, sondern möglicherweise auch von einem geliebten Tier. Wenn jemand gestorben ist, den du liebst, dann weißt du, dass da nicht nur Erinnerung bleibt, sondern eine Präsenz. Wie ein Licht, ein Sonnenstrahl. Wenn du an ihn denkst, spürst du so ein tiefes inneres Wissen, dass er in einer anderen Realität noch da ist. Die Seelen sind ein bisschen wie Wolken – wir können sie nicht anfassen, aber wir können sie dennoch wahrnehmen.

Die Religionen versuchen uns in diesen Dingen eine gewisse Orientierung zu geben, doch in diesem Buch möchte ich dich mit meiner Erfahrung inspirieren, selbst wahrzunehmen und deine eigene Wahrheit zu finden. Wenn du – auch zum Thema Tod und Sterben – zu Lebzeiten bereits deine Gefühle bewusst gestaltest, dann wirkt sich das natürlich auf deine Seele aus und darauf, was du nach deinem Tod erfahren wirst. Lässt du dich von Schwermut oder Aggressivität nach unten in eine niedrige Schwingung ziehen oder gehst du voller Freude und Liebe in die höheren Schwingungen, in Richtung Licht?

Wenn uns der Intellekt im Weg steht

Für ein freudiges Annehmen von Leben und Sterben brauchen wir, so wie wir heute geprägt sind, sehr viel Vertrauen. Dieses Vertrauen kann aus der eigenen Erfahrung erwachsen, wenn wir uns darum bemühen, unser Bewusstsein zu entfalten. Was diesem Vertrauen auf der anderen Seite im Weg steht, ist vor allem unser Intellekt. Ich hatte dir schon das Beispiel von meiner Urgroßmutter erzählt, deren starker Glaube an eine bestimmte Vorstellung, wie Mensch und Göttliches zueinander stehen, anfangs verhindert hat, dass sie sich als Seele dem Licht zuwendet. Sie hat zuerst einen Abstecher in Richtung der tiefer liegenden Astralwelten gemacht – einfach, weil sie von bestimmten Vorstellungen geprägt war.

Ich möchte dir nun von einem guten Freund erzählen, der vor einiger Zeit gestorben ist. Ich kannte ihn aus der Verlagswelt, wo es vor allem um Worte und auch um Zahlen geht und der Intellekt vorherrschend ist. Dieser Mann ist in einem reifen Alter nach einer kurzen Erkrankung gestorben und ich erinnere mich, wie oft er zu mir gesagt hat: »Jana, hast du ein Glück, dass du glauben kannst.« Ich aber glaube nicht, weder an religiöse noch an esoterische Konstrukte. Ich mache meine Erfahrungen und ich weiß, was ich weiß. Es sind Dinge, die ich mit meinen Augen, mit meinem Herzen, mit meiner Seele und meinem Körper erfahren habe. Er aber blieb dabei, dass es ein Glaube sei, den er für sich vermisste. Ich konnte ihn nicht davon abbringen und musste manchmal schmunzeln, wenn ich dachte: Wie willst du einem Maulwurf die Schönheit der Sterne erklären? Er kann sie nicht sehen. Und so habe ich mit diesem Mann auch nicht diskutiert. Er war ein höchst intellektueller Mensch mit einem riesengroßen Herzen. In unserer Zusammenarbeit war er immer sehr charmant und wir hatten eine sehr herzliche Verbindung.

Als er nun gestorben war, kam einige Wochen später seine Seele zu mir. Sie stand in dieser ganz typischen Art vor mir, wie ich sie von diesem Mann kannte. Er fragte mich: »Ja, Jana, wie geht es nun weiter?« So wie früher in einem Meeting: »Was machen wir jetzt?« Ich sagte zu ihm: »Dreh dich um und schau, was für eine Engelschar um dich herum ist, und nimm ihre ausgestreckten Hände an.« Auch sein Blick war genauso wie zu Lebzeiten. Nicht zynisch, aber zweifelnd, da war wieder so ein: »Wie schön, wenn du glauben kannst.«

Ich ließ ihn. Jeden Tag schickte ich ihm gute Energien, gute Gedanken, auch in dem Wissen, dass die Trauer für die Hinterbliebenen umso leichter ist, je höher die Seele bereits in den Astralwelten aufsteigen konnte. Wir tun also auch für die Hinterbliebenen immer etwas Gutes, wenn wir die Seele eines verstorbenen Menschen mit guten Schwingungen unterstützen.

Ein paar Wochen später kam die Seele dieses Mannes wieder zu mir. Diesmal sah ich, dass er die Engel bereits bemerkt hatte. Ein Fortschritt. Er fixierte sie mit seinem kritischen Blick. Wieder fragte er mich: »Ja, und jetzt?« Ich sagte: »Gib dich einfach dem Licht hin, der Umarmung deiner Engel, ergreife ihre Hände, die sie dir hinstrecken.« Wieder schaute er mich kritisch an und fragte: »So einfach?« – »Ja, so einfach.«

Er kam noch einmal, ein paar Tage später, als ich beim Essen in der Küche saß. Ich konzentrierte mich kurz auf ihn und bestätigte ihm noch einmal: »Ja, es ist so einfach.« Doch er hatte noch nicht das nötige Vertrauen. Mit seiner ungeheuer starken und aktiven Ratio konnte er nur erneut fragen: »Wie, einfach? Wie soll das gehen?« Ich sah seinen Schutzengel bei ihm und konzentrierte mich auf das, was er mir bedeutete. Immer geben uns die Engel so schöne Bilder und in diesem Fall zeigte er mir, dass ich die Seele dieses Mannes wie ein Kind ansehen sollte. Dass ich kindliche Bilder nutzen sollte. Denn es ging hier nicht darum, irgendwelche intellektuellen Rätsel zu lösen. Es ging darum, sich hinzugeben, offen, neugierig und spielerisch zu sein.

Ich wandte mich an die Seele und sagte: »Schau doch, was für wunderschöne Farben die Engel ausstrahlen. Wie sie dich mit ihren Lichtflügeln willkommen heißen. Erlaube dem Engel, der dort ganz nah bei dir ist, sich hinter dich zu stellen und dich mit seinen Flügeln zu umarmen. Und jetzt lass dich einfach in seine Energie hineinfallen. So als ob du als Kind auf dem Trampolin springst oder dich übermütig und freudig auf dein Bett fallen lässt.« Die Seele zögerte. Ich sah, wie sie das Ganze sachlich für sich zu sortieren versuchte. Aber dieses Bild, sich einfach aufs Bett in die Kissen fallen zu lassen, hat ihr gefallen. Und plötzlich leuchtete die Seele auf, ganz von der Energie der Engel eingehüllt. Ein Lichtstrahl brach von oben durch. Nun war der Weg von der neutralen Astralebene, auf der sich die Seele dieses Mannes seit einigen Wochen befunden hatte, nach oben in die höheren Ebenen und ins Licht offen. Es war sehr berührend, auch für mich. Charmant und Gentlemen, wie er immer war, drehte er sich noch einmal zu mir um und sagte höflich: »Danke, liebe Jana!« Dann verschwand das Bild, er war ins Licht gegangen. Er hat sich seither nicht mehr bei mir gemeldet, es geht ihm gut.

Ich muss immer noch lächeln, wenn ich an diese Erfahrung denke. Sie bestätigt für mich einmal mehr, dass die Toten genauso stur sind wie die Lebenden. Es nützt nichts, mit ihnen zu diskutieren. Nur mit Fingerspitzengefühl kann man versuchen, sie auf der emotionalen Ebene abzuholen.

Wie der Intellekt selbst einem Menschen im Weg stehen kann, der sich viel mit spirituellen Themen beschäftigt hat, war mir schon sehr viel länger bewusst. Ich begegne diesen Phänomenen immer wieder. Schon vor zwanzig Jahren bin ich in meiner neuen

Heimat am Bodensee vielen spirituellen und auch spiritistischen Ausrichtungen begegnet. Das hat mich letztlich nur darin bestärkt, dass jeder Mensch die Wahrheit in sich selbst finden muss und niemand anderem einfach folgen sollte. Oft habe ich die verstorbenen Anhänger solcher Richtungen und auch einige Mystiker im Jenseits beobachtet. Einmal sogar den Gründer einer recht bedeutenden spiritistischen Bewegung. Er war fest davon überzeugt, dass man alles im Geist durchgehen müsse. Alles müsse mit dem Geist erforscht werden. Ich konnte in dieser Richtung wenig Herz, wenig Freude, Leichtigkeit, Individualität oder Freiheit spüren. Und nun betrachtete ich diese Seele in der zweiten oberen Astralebene, wo es um die Rückschau auf das zu Ende gegangene Leben geht. Die Engel waren um ihn herum, sie lassen niemanden allein. Doch er kam nicht weiter. Seit langer Zeit war er schon auf dieser Ebene und die Leichtigkeit, die die Engel um ihn herum vermittelten, nahm er nicht wahr. Er war komplett in der Vorstellung gefangen, dass er mit seinem Geist alles durcharbeiten müsse, was in diesem Leben gewesen sei. Dass er sich sozusagen den Himmel durch intellektuelle Arbeit verdienen müsse. Das aber funktionierte nicht.

Zu Lebzeiten können wir mit unserem Intellekt viel erreichen – wir können eine Ausbildung machen, ein Studium abschließen, Bücher veröffentlichen, einem anspruchsvollen Beruf nachgehen und vieles mehr. Und natürlich hat all das seine Berechtigung. Im Jenseits aber hilft es uns nicht. Dort geht es um die pure Lebendigkeit, um die Liebe und das Geliebtsein. Die Seele dieses spiritistischen Menschen litt nicht, sie steckte einfach fest. Sie war erstarrt in ihrem intellektuellen Durchkauen des Gewesenen. Sie kam nicht voran, da seelische Entwicklung nicht über den Intellekt funktionieren kann.

Diese Seele war noch nicht bereit dafür, ihren Blickwinkel zu ändern. Ich merkte, dass sie nichts von mir brauchte, und ich ließ sie. Für mich war es noch einmal eine wertvolle Bestätigung dessen, was mir schon so oft bewusst geworden war: Wir können noch so tolle Erfolge in der Welt feiern und noch so sehr für unsere Klugheit geschätzt werden, wenn wir nicht ins Fühlen kommen und die Liebe nicht erfahren, dann haben wir nichts verstanden. Zu unserer seelischen Entwicklung kann unser Verstand nur sehr begrenzt beitragen.

So viele von uns sind in der Kindheit sehr verletzt worden und haben sich dann in ihren klugen Geist geflüchtet, um zumindest auf dieser Ebene eine gewisse Sicherheit und Anerkennung erfahren zu können. Das wieder aufzugeben, wirkt erst einmal gefährlich. Es ist, als hätten wir uns an ein Gefängnis gewöhnt und würden uns sehr unsicher fühlen, wenn wir es plötzlich verlassen sollen. Nur ganz allmählich können wir in den Bereich des Fühlens überwechseln und uns dort eine vollkommen neue Form von Sicherheit oder vielmehr von Vertrauen aufbauen. Umso schöner ist es, wenn wir früh beginnen können, das Leben zu genießen, zu lieben und Liebe von anderen anzunehmen, wenn wir weich werden und unser Herz erstrahlen lassen. Unseren Intellekt dürfen wir natürlich gern behalten, in vielem ist er sehr nützlich und notwendig. Doch mindestens genauso wichtig ist eine emotionale Intelligenz.

Das Sterben

Schauen wir uns an, was beim Sterben tatsächlich geschieht. Unsere Reise auf die andere Seite kann sehr schnell gehen, meist dauert sie aber einige Wochen oder sogar Monate. Das ist sehr individuell und ich habe schon die unterschiedlichsten Verläufe beobachtet. Dennoch gibt es hierbei bestimmte Phasen, die letztlich immer dazugehören. Denn in jedem Fall geht es darum, dass wir uns vom Grobstofflichen lösen und ins Feinstoffliche hinein wechseln, in die immer feineren Ebenen der geistigen Welt.

Die einzelnen Sterbephasen

Die Frage, wann das Sterben beginnt, ist gar nicht so einfach zu beantworten. Aus Sicht der geistigen Welt und unserer Engel beginnt es nicht, wenn ein Mensch sehr alt und/oder krank ist. Es beginnt auch nicht unbedingt, wenn ein Arzt sagt, dass dieser Patient nur noch wenige Tage zu leben hat. Aus Sicht der höheren Ebenen ist auch in solchen Momenten noch sehr viel möglich. Es kann sich weiterhin viel ereignen und wandeln.

So wie ich es wahrnehme, beginnt das Sterben – gewissermaßen unwiderruflich –, wenn sich die Seele des Menschen ins Jenseits orientiert. Mit meiner Hellsichtigkeit kann ich sehen, dass dann zuerst der Geistleib aus dem Körper heraustritt, vergleichbar mit einer durchscheinenden Gestalt im Mondlicht. Es ist gewissermaßen die versammelte geistige Kraft eines Menschen, die alle Erinnerungen aus dem zu Ende gehenden Leben in sich trägt, alles Wissen, das sich dieser Mensch angeeignet hat. Dieses Wissen speist der Geistleib nun in die große kosmische Bibliothek ein, auch Akasha-Chronik genannt. Dieser Geistleib sichert zu Lebzeiten unsere geistige Anbindung, unseren Kontakt zum Urwissen, das uns oftmals über eine starke Intuition, Geistesblitze oder besondere Erkenntnisse zuteilwird. Wir sind über unsere verschiedenen Inkarnationen hinweg mit diesem Wissen verbunden. Das merken wir manchmal, wenn wir beispielsweise in ein fremdes Land kommen und es uns dort ganz leichtfällt, die Sprache zu erlernen. Möglicherweise haben wir sie in einem früheren Leben als Muttersprache gesprochen und die Information ist über den Geistleib in uns gespeichert.

Beginnt nun der Sterbeprozess, dann tritt der Geist als Erstes aus dem Körper heraus und geht wieder in das große Feld des Wissens, in die göttliche Bibliothek, die Akasha-Chronik ein. Ab diesem Moment bleibt auf der Erde nur noch der Seelenleib mit seiner Fülle an Emotionen im Körper zurück. Ich beobachte, dass man sich ab jetzt mit den Sterbenden kaum noch intellektuell unterhalten kann. Sie sind auch an keiner Planung für die nähere Zukunft mehr interessiert, allenfalls kann man noch über Vergangenes sprechen. Genau damit beginnt sich die Seele bereits auf die Lebensrückschau vorzubereiten, die dann ausführlicher nach dem Tod in der Astralebene erfolgen wird. Jetzt, im Körper, ist sie noch durcheinander und bruchstückhaft. In einem Moment erzählt derjenige vielleicht etwas aus der Zeit, als er sechzehn war, springt dann sofort zu einer Erfahrung mit siebzig und dann zu etwas, was in seiner frühen Kindheit stattgefunden hat. Für einen Außenstehenden kann das pures Chaos sein, aber es braucht hier auch nicht mehr, als dass wir zuhören. Für den Sterbenden ist es wichtig, sich die auftauchenden Erinnerungen noch einmal zu vergegenwärtigen. Es ist Versöhnungsarbeit, die die Seele stärkt.

Allmählich beginnt dann die zweite Sterbephase, in der sich der Seelenleib ganz langsam aus dem Körper hinausschwingt. Es ist die längste Phase des natürlichen Sterbeprozesses. Sie kann sich über Wochen und Monate hinziehen und erfolgt in mehreren Schritten. So wie ich es beobachte, verlässt die Seele nach und nach den Körper. Der Mensch geht dabei durch sehr intensive Emotionen, da er spürt, dass diese Inkarnation unweigerlich zu Ende geht. Natürlich macht das den meisten Angst, die Angst vor dem Unbekannten wird hellwach. Was Angehörige jetzt tun können, ist, die Hand des Sterbenden zu halten und ihm immer wieder zu sagen: »Ich bin bei dir. Hab Vertrauen. Du brauchst keine Angst zu haben.«

Die Emotionen beziehen sich aber auch auf vergangene Erfahrungen, die noch nicht vollständig befriedet wurden. Dann spricht dieser Mensch vielleicht von alten Familienstreitigkeiten oder leidvollen Erlebnissen und ist bemüht, sie seelisch zu verarbeiten und zu einer Versöhnung zu finden. Er versucht also, auch die emotionale Seite seines Lebens zu ordnen. Die Seele ist in der Liebe zu Hause und will wieder in dieser göttlichen Liebe ankommen. Die meisten Menschen möchten aufgeräumt sein – vor allem dann, wenn es ans Sterben geht.

Diejenigen, die andere bei diesem Übergang begleiten, brauchen sich inhaltlich in diese Klärungsprozesse gar nicht unbedingt einzumischen. Viel wichtiger ist es, da zu sein, zuzuhören und das, was der Sterbende sagt, ernst zu nehmen. Es beschäftigt ihn. Von außen sieht es oftmals so aus, als würde derjenige kaum noch etwas mitbekommen. Vor allem, wenn er bettlägerig ist, glauben wir meist, dass in ihm nicht mehr viel passiert. In Wirklichkeit aber macht dieser Mensch einen intensiven Prozess durch.

Das gilt auch für den dritten Schritt, in dem die Vergebung in den Vordergrund rückt. Jetzt ist der Sterbende mit alten Problemen und Konflikten beschäftigt, spricht darüber, bereut verschiedene Dinge oder bittet um Vergebung. Das mag bei den einen leichter und bei den anderen schwieriger sein, grundsätzlich aber wird jeder mit diesen Gefühlen konfrontiert. Es ist jetzt sehr schön, mit diesem Menschen oder an seiner statt das Vergebungsgebet zu sprechen. Das kann immer wieder geschehen, jeden Tag, und den Prozess des Loslassens sehr erleichtern. Hier ist es noch einmal:

> »Ich vergebe dir für das, was du getan hast, bewusst und unbewusst. Ich bitte dich, mir zu vergeben für das, was ich getan habe, bewusst und unbewusst. Ich bitte alle Menschen, dir zu vergeben für das, was du getan hast, bewusst und unbewusst. Ich bitte dich, allen Menschen zu vergeben für das, was sie getan haben, bewusst und unbewusst. Ich vergebe allen Menschen für das, was sie getan haben, bewusst und unbewusst. Ich bitte alle Menschen, mir zu vergeben für das, was ich getan habe, bewusst und unbewusst. Ich bitte die göttliche Kraft darum, dass wir die Kraft der Vergebung in unseren Herzen spüren. Und ich vergebe mir selbst für das, was ich getan habe, bewusst und unbewusst. Versöhnung und Erlösung liegen in mir.«

Die Vergebung bringt dann das nächste Gefühl hervor, nämlich Vertrauen. Die Seele beginnt, sich allmählich den geistigen Welten anzuvertrauen. In dieser Phase kann es vorkommen, dass der oder die Sterbende vor sich hin starrt, in einzelne Ecken des Zimmers schaut und geistig abwesend wirkt. In Wirklichkeit ist dieser Mensch aber nicht apathisch, sondern innerlich sehr aktiv. Er wird feingeistiger und beobachtet in dieser Zeit andere Seelen, die auf dem Weg ins Licht sind. Diese andere Welt ist für ihn neu, fremd und natürlich auch beängstigend. Er fühlt sich dieser anderen Seite zunehmend verbunden – und genau das kann aber auch Angst machen, macht es doch den Abschied vom bisher Bekannten umso deutlicher. In dieser Phase ist es wunderbar hilfreich, sich mit dem Sterbenden von Herz zu Herz zu verbinden und ihm real oder in Gedanken immer wieder zu sagen:

»Schau zu deinen Engeln, schau ins Licht.«

Das erleichtert es der Seele, sich immer mehr an diese Sphären zu gewöhnen und sich auf die weiteren Phasen des Sterbens vorzubereiten.

Der nächste, der fünfte Bewusstseinsschritt erfordert nämlich von ihr, sich immer mehr von der irdischen Sphäre zu lösen und den Mut aufzubringen, sich nun neu mit der geistigen Welt zu identifizieren. Sie muss also erkennen, dass sie eine Seele ist, die für eine gewisse Zeit in einem jetzt sterbenden Körper auf Erden gewohnt hat. Je mehr dieser Mut aufkommen kann, umso weniger kämpft dieser Mensch auch gegen den Tod an.

Mit diesem Mut kommt die nächste, die sechste Phase in den Vordergrund: das Loslassen. Je mehr sich die Seele innerlich auf die andere Seite begeben hat, umso leichter wird es ihr nun fallen, die irdische Seite zu verabschieden. Bald steht die Seele in diesem Loslassen neben dem Körper, mit dem sie jetzt nur noch über den Herzschlag verbunden ist.

Jetzt kommt die siebte Stufe und ein Gefühl der Liebe macht sich im Sterbenden breit. Das ist der Moment, in dem sensible Mitmenschen oftmals noch eine Botschaft vom Sterbenden wahrnehmen. Er kann sich vielleicht nicht mehr äußern, nur der Puls ist noch spürbar. Aus dieser großen Liebe heraus hat der Sterbende aber oft das Bedürfnis, sich zu bedanken und beispielsweise die Pflege zu würdigen, die ihm zuteilwurde. Immer noch kann es ein paar Stunden oder sogar Tage dauern, bis die Seele ganz aus dem Körper ausgetreten ist. Mit dem letzten Herzschlag tritt dann der tatsächliche Tod ein. Nicht mit dem Hirntod, sondern mit dem Herzstillstand.

Nun steht die Seele neben dem Körper, hat sich vollständig von ihm gelöst und schaut auf diese erlöschenden Zellen, die so lange ihr Zuhause waren. Je nach Bewusstseinszustand und Charakter schaut die Seele nun weiterhin nach unten zu ihren sterblichen Überresten und bleibt mit ihnen verhaftet oder nach oben zu den Engeln. Das hängt davon ab, womit sie sich identifiziert. Sie befindet sich direkt nach ihrem Tod auf der neutralen Astralebene und folgt ihrem inneren Ruf. Ist sehr viel Schwere und Ungelöstes in ihr, wird sie sich zu den unteren Ebenen hingezogen fühlen – wie meine Urgroßmutter, von der ich anfangs erzählte, die dann aber realisierte, dass sie auf diesen Ebenen nicht richtig ist. Andere folgen ihrem Körper sogar auf den Friedhof und verharren dort – auf der neutralen Astralebene, die sie sich manchmal für lange Zeit nicht zu verlassen trauen, weil sie in dem Glauben verhaftet sind, auf die Auferstehung durch Gott warten zu müssen. Und wieder andere erkennen sehr schnell den Ruf der geistigen Welt, orientieren sich ins Licht und folgen ihren Engeln, die sie freudig begrüßen und erwarten. Sie ziehen mit ihnen in die oberen Himmelswelten. Was dort passiert, werde ich im Kapitel »Der Weg der Seele nach dem physischen Tod« genauer beschreiben.

Ich habe wieder und wieder beobachtet, wie dieser eben beschriebene Prozess abläuft. Zuerst tritt der Geist aus dem Körper heraus, in einem meist längeren Prozess danach die Seele und dann erlischt das Leben mit dem letzten Herzschlag des Körpers. Diese Beobachtungen gaben mir immer die nötige Orientierung im Umgang mit Sterbenden.

Plötzliche Todesfälle

Was aber geschieht bei einem sogenannten spontanen Tod? Nach einem Unfall oder auch, wenn jemand durch Gewalt zu Tode kommt? Letztlich geschehen hier die gleichen Dinge, nur viel schneller. Damit bleibt sehr viel weniger Zeit – oder gar keine Zeit – für eine bewusste Verarbeitung. Sofort löst sich der Geistleib vom Körper und geht in die geistigen Sphären, in die Akasha-Chronik zurück. Gleichzeitig wird auch die Seele aus dem Körper herauskatapultiert. Sie steht dann neben dem Körper und ist mit der Situation meist überfordert. Denn sie konnte sich nicht in Ruhe in all den beschriebenen Phasen verabschieden. Sie konnte nicht allmählich über die Schwelle gehen. Sie konnte es nicht ausprobieren, immer mal ein Stück nach vorn und wieder zurück zu gehen.

Durch meine Hellsichtigkeit habe ich sehr viel von meinem Wissen direkt von den Seelen Verstorbener erhalten. Manchmal arbeite ich mit Menschen, die einen ihrer Liebsten ganz plötzlich verloren haben und sich mit der Frage quälen, was wohl geschehen ist und ob es diesem Menschen im Jenseits gut geht. So war es auch bei einer Frau, deren Sohn mit Anfang vierzig eines Tages tot in seiner Wohnung aufgefunden wurde. Man erklärte seinen Tod mit einem Herzinfarkt oder plötzlichem Herzstillstand. Hatte er gelitten? Hatte er Angst durchlebt? Wie ging es ihm jetzt? Und warum musste das passieren? Solche Fragen beschäftigen die Hinterbliebenen schmerzlich, sie leiden unter der großen Ungewissheit. Die Trauer und die Verarbeitung des Verlustes sind dadurch sehr erschwert.

Diese Frau war in einem meiner Seminare und hatte über die natürliche Trauer hinaus kein gutes Gefühl, was ihren Sohn betraf. Sie bat mich um Unterstützung und kaum hatten wir über ihren

Sohn gesprochen, spürten wir beide und auch einige andere Seminarteilnehmer etwas Kühles im Raum. Wie einen kühlen Luftzug. So fühlt es sich oftmals an, wenn die Seelen Verstorbener da sind und noch keine Erlösung gefunden haben. Eine Mutter spürt es natürlich bis ins Mark, solange sie den Tod ihres Kindes noch nicht verarbeiten konnte. Ich empfehle in solchen Momenten immer, tief und ruhig durchzuatmen und sich bewusst zu machen:

Im liebevollen Bewusstsein ist alles in Ordnung.

Nur in diesem liebevollen Bewusstsein sind wir in der Lage, selbst zentriert zu sein und hilfreich für andere, seien es die Seelen Verstorbener oder seien es Trauernde.

Die Unruhe dieser Frau kam nicht von ungefähr, die Seele des Sohnes war völlig aufgelöst. Er entdeckte mich und schaute mich panisch an. Die Fragen schossen nur so aus ihm heraus: »Wo bin ich? Warum antwortet mir niemand? Was passiert hier? Mama, Papa, warum antwortet ihr mir nicht? Warum hört mich niemand?!« Dieser Mann hatte tatsächlich nicht realisiert, dass er gestorben war. Sein Tod war wohl so spontan gekommen, dass er selbst keine Gelegenheit hatte, das Geschehen zu verarbeiten oder überhaupt erst einmal einzuordnen. Er war noch zu jung und noch längst nicht bereit, sein irdisches Leben zu verlassen. Die Sphären des Lichts, die hilfreichen Energien seiner Engel, sie waren ihm suspekt.

In so einem Fall ist es wichtig, sehr behutsam vorzugehen. Die Seele ist in einer Art Schockzustand und es kommt darauf an, sie nicht noch weiter zu verschrecken, wenn man ihr die Wahrheit mitteilt. Als Menschen wissen wir oft nicht, was jetzt das Richtige wäre. Deswegen wende ich mich in solchen Fällen an den Schutzengel der jeweiligen Seele. Die Engel stehen uns allzeit hilfreich zur Seite.

Sein Schutzengel bat mich, die Seele auf ihn aufmerksam zu machen. Und so sagte ich zu ihm: »Dreh dich einmal um und sieh deinen Schutzengel im Licht hinter dir. Spüre, wie er deinen Rücken streichelt und dir Wärme schenkt. Erlaube ihm, dich zu umarmen und dir Halt zu geben. Fühl dich bei ihm getragen und dann kannst du alles verstehen.« Die Seele konnte mich hören, drehte sich zu ihrem Schutzengel um und schaute ihn erstaunt an.

Dann schaute er zu seiner Mutter, die mit mir im Raum war, und fragte sie unsicher: »Darf ich ihm trauen?« Sie kämpfte mit den Tränen und sagte ihm innerlich: »Mein lieber Sohn, du darfst deinem Engel vertrauen.« Die Seele nahm die Hand des Engels und wandte sich noch einmal an die Mutter: »Werde ich dich denn dadurch verlieren?«

Die Mutter atmete in diesem sehr emotionalen Moment tief durch, so wie wir es vorher besprochen hatten. Dann versicherte sie ihrem Sohn: »Nein, du wirst mich nicht verlieren. Du hast mich sicher.«

Der Schutzengel umarmte die Seele des Mannes jetzt von hinten und legte ihm seine Hände auf das Herz. Beide leuchteten auf, als ob in dieser Seele die Sonne aufgegangen wäre. Der Mann kam zur Ruhe. Und aus dieser Ruhe heraus konnte er jetzt zuhören, was wir mit ihm zu besprechen hatten. Mit all ihrer inneren Kraft erklärte die Mutter ihrem Sohn, dass er sein Leben in dieser Inkarnation beendet habe, dass er ihnen ein Stück vorausgegangen sei und seine Eltern sicher eines Tages, wenn sie sterben, auf der Schwelle ins Jenseits abholen werde. Weinend versicherten sie einander ihre Liebe und die Mutter betonte noch einmal, dass er seinem Engel vertrauen und nun den Weg ins Licht gehen dürfe. Ich sah, wie sich hinter ihm eine Lichtstraße öffnete. Den ganzen Weg entlang standen Engel in violetten Lichtern, als ob sie kleine Laternen für ihn zur Wegbeleuchtung in den Händen hielten. Sie halfen ihm in seiner Trauer. Bevor er gehen konnte, bat er seine Mutter noch um das Versprechen, dass sie sich wiedersehen würden.

Langsam drehte er sich um, schaute in das göttliche Bewusstsein der All-Liebe und war voller Staunen. Er sagte: »Mama, ich habe keine Angst mehr. Aber ich werde mit dem Höchsten da oben schimpfen, warum er mich so früh aus dem Leben geholt hat.«

In der Mutter war noch so viel, was sie ihm nie hatte sagen können. Er bemerkte offenbar ihr Ringen damit, schaute sie direkt an und sagte nur: »Ich verstehe dich.« Ich half der Mutter, all ihre Gefühle zuzulassen und durch die Traurigkeit hindurch auch die Freude zu spüren, dafür, dass er jetzt ins Licht gehen konnte. Zum Abschied sagte er ihr noch: »Ich hab dich lieb und ich will dich glücklich sehen. Das schuldest du mir. Erzähle allen, dass es mir gut geht.«

Gemeinsam formten wir im Seminar Segnungskugeln, wie du es bereits im Kapitel »Gebete der Segnung und Heilung« gelernt hast, und sprachen ein Gebet:

> »Liebe lichtvolle geistige Welt, wir bitten um Gottes Segen, um die Begleitung der Engel, um Heilung, Kraft und Trost für die Hinterbliebenen im Diesseits und für die Seelen im Jenseits. Möge sich die Seele im Licht zurechtfinden, auf dass sich alles zum Wohle aller fügen kann, auf dass Heilung in alles einkehren darf. Dafür danken wir.«

Mit einem großen Herzen voller Mitgefühl übergaben wir dann die Lichtkugel in unseren Händen nach oben. Wir öffneten unser Herz ganz für die Liebe und den Frieden und wussten: In diesem liebevollen Bewusstsein ist alles in Ordnung.

Am Beispiel dieser Frau ist schön zu sehen, dass unser Gefühl für die Verstorbenen ganz wichtig ist. Sensible Menschen können deutlich spüren, ob es den Verstorbenen gut geht oder ob sie Hilfe brauchen. Sie spüren es emotional und sogar physisch. Erst nach unserem gemeinsamen Prozess, durch den die Seele nun ins Licht finden konnte, konnte die eigentliche Trauer der Familie beginnen. Vorher waren die Eltern nur in größter Sorge und zu Recht beunruhigt. Nun konnte der heilsame Prozess des Trauerns anfangen.

Das Seelenwachstum zählt

Gerade bei plötzlichen Todesfällen quält die Hinterbliebenen die große Frage des Warum. Warum musste dieser Mensch sterben? Warum jetzt? Warum konnten wir uns nicht verabschieden? Und so weiter. Oftmals verweisen wir dann schnell auf den Seelenplan, um uns eine Antwort auf diese schmerzhaften Fragen zu geben. Doch im Seelenplan ist in den seltensten Fällen der konkrete Todeszeitpunkt festgeschrieben. Für die Weiterentwicklung der Seele geht es darum, was wir aus unserem Leben machen, nicht, wann wir sterben. Wir sind keine Marionetten an irgendwelchen Fäden, auf die wir keinen Einfluss haben. Wenn der Tod des Mannes aus unserem Beispiel voll und ganz seinem Seelenplan entsprochen hätte, dann hätte sich die Seele nach seinem Tod nicht so gewehrt. Dann hätte sie einfach weitergehen können.

Manchmal habe ich beobachtet, dass ein Mensch gestorben ist, weil die Seele aufgrund seiner Gewohnheiten keine Chance mehr sah, in dieser Inkarnation zu wachsen. Von außen ist das oftmals gar nicht so leicht einzuschätzen. Denn sehr leicht denken wir, dass jemand, der sehr krank ist, vielleicht auch dement, keine

Chance mehr hat, sich seelisch weiterzuentwickeln. Wir sehen jemanden, der nur im Bett liegt, versorgt werden muss und es von einem Tag zum nächsten schafft. Für die Seele aber kann gerade diese Phase sehr bedeutsam sein. Vielleicht geht es für sie darum zu lernen, Hilfe anzunehmen. Denn das ist ja bekanntlich viel schwerer, als wenn wir anderen unsere Hilfe anbieten und geben können. Mich haben in diesem Bereich zwei Erfahrungen zum Nachdenken gebracht, die ich hier gern wiedergeben möchte. In diesen Fällen sah die Seele keine Wachstumsmöglichkeiten mehr in der aktuellen Inkarnation. Immer wenn ich hier Beispiele erzähle, geschieht dies mit meinem ganzen Respekt und meiner Wertschätzung für die beschriebenen Menschen. Es geschieht zur Inspiration für dich und keinesfalls zur Bewertung dieser Personen und ihrer Erfahrungen. Wir können so viel voneinander lernen.

Mein erstes Beispiel an dieser Stelle hängt mit meiner früheren Heimat zusammen. Viele Jahre lang hatte ich keinen Bezug mehr zu Russland. Ich war zwölf, als meine Familie das Land verließ und nach Deutschland ging, und erst mehr als fünfzehn Jahre später lernte ich Russland ganz neu kennen und begann mich dort noch etwas später in unserem gemeinnützigen Kinderverein »Jana Haas – Kinderhilfe in Russland e. V.« zu engagieren. Vor allem verdanke ich das einer Frau, die mich letztlich dort hingeholt hat. Sie war eine sehr starke Führungspersönlichkeit, die aber nicht nur mir und anderen ständig Aufträge – oder sagen wir ruhig mit einem Augenzwinkern: Befehle – gab, sondern auch selbst bis zur Erschöpfung arbeitete. Einerseits war sie für mich eine der weisesten Frauen dieser Welt, andererseits hatte sie einen extremen Hang zur Aufopferung. Man kann sich kaum ausmalen, welche Emotionen diese starke Seele, auch schon in einer sehr problematischen Kindheit, durchmachen musste. Als Erwachsene hat sie sich beruflich unendlich viel auf ihre Schultern geladen und sogar ihren Schlaf regelmäßig vernachlässigt. Nicht wenige Menschen wählen diesen Weg, sich als Workaholics derart zu beschäftigen, dass sie ihre Gefühle der Einsamkeit, der Traurigkeit, des Minderwerts nicht spüren müssen. »Nur wenn ich leiste, dann bin ich etwas« – das ist ihr Motto.

Ich erinnere mich, wie wir vor einigen Jahren zusammen in einem Jazzclub in Moskau gesessen haben. Wir haben gegessen und getrunken, wir hatten eine intensive Woche hinter uns. Als wir dort saßen, gab es nichts zu tun – und das war diese Frau nicht gewohnt. Sie wirkte wie entrückt. Mit meiner Hellsichtigkeit sah ich, dass sie in den geistigen Welten schwebte. Sie war nicht hier auf der Erde. Es war eine Todessehnsucht spürbar, eine Todesnähe. Ich packte sie an der Schulter und fragte: »Hallo, wo bist du mit deinen Gedanken?« Sie war noch nicht einmal fünfzig und ihre Seele war dem Tod näher als dem Leben. Sie schaute mich an und sagte: »Wenn du wüsstest, wie müde ich bin.«

Ich sagte streng zu ihr: »Hey Lady, pass auf, was du dir wünschst! Pass auf deine Gedanken auf.« Doch dann setzte die Musik wieder ein und schnell war das Thema vom Tisch. Es war nur ein kurzer Moment der Offenheit und dann waren ihre Gefühle schon wieder überspielt.

Kurze Zeit später erfuhr ich, dass sie in einem Autounfall gestorben war. Es war alles sehr schnell gegangen, sie hatte nicht gelitten und war sofort tot gewesen. Als ich sie in der Astralwelt sah, schien sie erlöst von all der Schwere, die sie als Mensch zu tragen hatte. Sie betrachtete mich und in mir stieg die Erinnerung an diesen Moment in Moskau auf. Dann aber fing sie plötzlich an, mir wie zu Lebzeiten »Befehle« zu geben: »Jana, du musst meiner Tochter jetzt dies und das sagen, im Betrieb machst du jetzt bitte das, pass gut auf den Verein auf und mach dort dies …« Ich unterbrach sie irgendwann: »Hey, jetzt beruhige dich mal. Du musst das

Leid der Welt nicht tragen. Und du musst die Welt nicht von dort aus dirigieren. Du darfst dich jetzt um dich kümmern.«

Sie aber widersprach mir: »Nein, nein, nein! Von hier oben kann ich alles noch viel besser managen.«

Es hat Jahre gedauert, bis sie loslassen konnte. Sie konnte mit der Zeit schon höher aufsteigen in Richtung Licht, doch sobald ihre Leute irgendwie Hilfe brauchten, war sie zur Stelle. Dann stand ihre Seele neben mir und gab mir Hinweise, so im Sinne von: »Jana, dort ist jemand in Not, da musst du etwas tun. Hier gibt es ein Problem, gib bitte dem und der Bescheid. Der und der braucht Unterstützung ...« Und so weiter. Wenn ich dann in Russland anrief, sagte ich meist: »Na, wie läuft es bei euch? Ich habe hier liebe Grüße aus dem Jenseits, habt ihr wieder Probleme?« Und immer war die Antwort: »Ja, haben wir.«

Für diese Frau war der Tod, den sie regelrecht zu sich gezogen hatte, ein Ausweg aus einer Spirale des Leidens, aus ihrem Hamsterrad. Sie hatte keine psychologischen Mechanismen, um sich abzugrenzen und die Welt auch mal sich selbst zu überlassen, während sie sich um ihr eigenes Wohl kümmerte. Ihr fehlten das Urvertrauen und jeglicher Sinn für die Selbstfürsorge. Der Seele war offenbar klar geworden, dass sie sich auch weiterhin so quälen und nicht wirklich dazulernen würde. Und bevor sie das noch zwanzig Jahre erduldet hätte, nahm sie die Abkürzung. Auch so etwas gibt es.

Als ich ihren vertrautesten Menschen davon erzählte, war es für sie alle total stimmig. Erst nach einigen Jahren kam einmal eine Frau aus ihrem Umfeld auf mich zu und fragte: »Kann es sein, dass sie uns jetzt losgelassen hat? Wir spüren sie nicht mehr.« Ja, sie hatte endlich loslassen und weiterziehen können. Tatsächlich konnte sich die Arbeit jetzt besser entwickeln, da sich die Verantwortung seither auf mehrere Schultern verteilt.

Es ist ein Irrtum zu denken, dass ohne uns die Welt stehen bleibt. Natürlich, unsere eigene Welt braucht uns. Doch die Welt der anderen dreht sich mit uns genauso gut wie ohne uns. Während ich das schreibe, muss ich lachen, denn meine liebe Freundin schaut mir aus dem Jenseits zu und bittet mich, nicht so hart mit ihr ins Gericht zu gehen. Ja, wir können alle immer nur so, wie wir eben können. Wir können nicht aus unserer Haut. Ich fasse mir hier gern auch an meine eigene Nase, wann immer ich glaube, dass es ohne mich nicht geht. Es ist wirklich eine Kunst, diese Balance zwischen Engagement und Loslassen zu erlernen und sich immer wieder selbst zu stoppen: Hallo, bist du etwa Gott? Überlass es denen da oben. Du bist ein Teil des Ganzen. Aber du musst nicht das Joch der Gesellschaft auf deinen Schultern tragen und alles furchtbar ernst nehmen. Freu dich des Lebens, damit erreichst du im Zweifel am allermeisten.

Recht ähnlich ist das zweite Beispiel hierzu. Dabei geht es um einen Arzt, der sich sehr aufopferungsvoll um seine zahlreichen Patienten kümmerte und am Abend noch in verschiedenen Vereinen aktiv war. Seine Familie hat ihn eigentlich kaum gesehen. Eines Tages brach er auf dem Weg zu seiner Praxis zusammen und war tot. Auch er war ein Workaholic – und was tun diese Menschen? Sie fliehen vor dem wirklichen Leben in ihre Arbeit. Sie fliehen vor dem Alltäglichen, vor den sozialen Beziehungen, vor dem ganz Normalen, das unser Leben ausmacht, wenn man gerade nicht die Welt rettet.

Diesem Mann war es sehr wichtig gewesen, wie andere über ihn denken. Als ich seine Seele wahrnahm, fragte er nicht etwa: »Was ist passiert? Warum musste ich so plötzlich gehen?« Er wollte wissen, wie die anderen über ihn denken, ob sie ihn als gut oder als schlecht in Erinnerung behalten. Er war ganz sicher ein guter Mensch und doch stand er sich selbst im Weg, indem er sich viel zu wenig Zeit für sich nahm. Auch hier hätte es noch zwanzig Jahre so weitergehen können, aber offenbar entschied seine Seele, dass sich hier nichts mehr verändern und entwickeln würde. Sie sagte dann in gewisser Weise zu ihm: »Du lebst stur deine alten Muster und veränderst nichts. Ich denke, wir starten noch einmal neu.«

Es ist eine wichtige Frage: Wie wächst unsere Seele? Wodurch kann sie sich weiter entfalten? Ganz sicher durch unsere Lebendigkeit, durch neue Erfahrungen, mit denen wir über uns selbst hinauswachsen. Sie wächst durch die Liebe, die wir mit anderen teilen und die wir uns selbst in Form von aktiver Fürsorge angedeihen lassen. Wir können von diesem Planeten nichts mitnehmen, aber wir können etwas dalassen, wenn wir eines Tages gehen. Was wird unser Erbe sein? Was wird dein Erbe sein? Ich wünsche jedem Menschen, dass es liebe Mitmenschen sind, die voller schöner und warmer Erinnerungen noch lange an ihn denken.

Sterbende in Kriegen

Ich habe dir schon diesen für mich sehr wichtigen Satz mitgegeben:

Im liebevollen Bewusstsein ist alles in Ordnung.

Letztlich dreht sich meine ganze Arbeit genau darum. Bei vielen Leserinnen oder Seminarteilnehmern wirft dieser Satz allerdings schnell die Frage auf, wie er sich mit Krieg oder anderen katastrophalen Ereignissen verbinden lässt, bei denen Menschen voller Gewalt agieren. Was kann hier unsere heilende Antwort sein? Was brauchen die Seelen der Getöteten? Was kann die Eltern, die ihre Kinder verloren haben, unterstützen? Was die Kinder, deren Eltern im Krieg getötet wurden?

Was wir immer tun können, ganz gleich, um welchen Konflikt in der Welt es geht, ist wieder zu beten.

> »Liebe lichtvolle geistige Welt, ich bitte um den Beistand der Engel in diesem Krieg oder Konflikt. Ich bitte die Heerscharen der Engel, alle Betroffenen zu schützen, zu trösten und zu heilen. Ich bitte sie um eine friedvolle Lösung des Konflikts.«

Du kannst aus deinem Herzen heraus deine eigenen Worte wählen. Und natürlich kannst du auch Segnungskugeln und all deine Segnungswünsche in die Krisengebiete schicken.

Wir brauchen nicht darüber zu diskutieren, ob ein Krieg in Ordnung ist. Natürlich sind Krieg, Mord und Totschlag nicht in Ordnung. Dennoch widerspricht sich für mich der Satz »Im liebevollen Bewusstsein ist alles in Ordnung« nicht mit solchen Geschehnissen in der Welt. Denn im liebevollen Bewusstsein sind wir in unserem göttlichen Selbst und das erschafft keine Kriege. Das tut nur das kleine Ich im Menschen, aus Furcht, Angst, Gier und Hass heraus, aus einem mangelnden Bewusstsein für das Göttliche. Für Frieden benötigt es viele Menschen, für Krieg reicht einer. Wir kommen hier auf der äußeren Ebene schnell in sehr komplexe politische Fragen hinein, die wir nicht lösen können. Aber wir können unsere eigene innere Haltung verändern, immer und immer wieder neu hinein in das liebevolle Bewusstsein, aus dem heraus wir den Willen anderer Menschen akzeptieren und zugleich das Gute unterstützen, die Nächstenliebe, den wahren Frieden, das Miteinander voller Wertschätzung und Hilfsbereitschaft. Alles, was in unserem Leben geschieht, ist eine Frage des Bewusstseins.

Die folgende Meditation kann dir helfen, dein ganzes Wesen immer wieder zu durchlichten und dich zu zentrieren. Wir leben in Zeiten großer Unruhe und es ist umso wichtiger, bei allem, was geschieht, im liebevollen Bewusstsein und im Einssein mit dem Göttlichen zu bleiben.

»Ich bin in Gott. Gott ist in mir. Ich bin in Liebe und beschützt.«

Für diese Meditation lade ich dich ein, dich ruhig und bequem hinzusetzen, deine Hände auf deinen Herzraum zu legen und tief ein- und auszuatmen. Beobachte dabei, wie sich die Bauchdecke sanft nach außen wölbt und wieder zusammenzieht.

Beginne nun mit einem Lächeln im Gesicht, die folgenden Worte immer wieder zu sprechen, bis sie wie ein Lied werden, eine Melodie:

> »Ich bin in Gott. Gott ist in mir. Ich bin in Liebe und beschützt. Ich bin in Gott. Gott ist in mir. Ich bin in Liebe und beschützt …«

Versuche bitte, die einzelnen Worte wirklich tief in deinem Inneren zu spüren. »Ich bin in Gott. Gott ist in mir. Ich bin in Liebe und beschützt. Ich bin in Gott. Gott ist in mir. Ich bin in Liebe und beschützt.«

Erlaube dir, dieses für dich vielleicht neue Bewusstsein ganz und gar zuzulassen, Gott nicht außerhalb von dir zu erfahren und irgendwo zu suchen, sondern in dir selbst zu erleben. In deiner göttlichen Seele. In deiner eigenen Einheit, deinem Einssein. Das ist liebevolles Bewusstsein. »Ich bin in Gott. Gott ist in mir. Ich bin in Liebe und beschützt.«

Du musst diese Worte nicht mit dem Kopf verstehen. Spüre, was diese Aussage mit dir macht. Was für eine Verbindung und Verbundenheit in dir erwacht. Wie es sich leichter atmen lässt, wenn du in diesem liebevollen Bewusstsein bist. Es ist dieses Gefühl, in Gottes Hände zu fallen wie in ein dickes weiches Kissen.

Sprich diese Worte immer und immer wieder, bis sie sich wie ein Echo in dir verselbstständigen und Teil deines Bewusstseins geworden sind.

> »Ich bin in Gott. Gott ist in mir. Ich bin in Liebe und beschützt.«

Kannst du wahrnehmen, wie viel neue Kraft dir diese kleine Meditation geschenkt hat? Spüre diese Kraft in dir und verankere sie in deinem Körper. Du kannst dich jederzeit wieder auf sie besinnen.

Wenn du jetzt in den Alltag zurückkommst, dehne und strecke dich und öffne deine Augen.

Sterbende begleiten

Menschen in ihren letzten Lebensphasen zu begleiten ist eine ebenso anspruchsvolle wie heilige Aufgabe. Es erfordert jede Menge Herzenswärme, Fingerspitzengefühl und zugleich den nötigen Abstand, um selbst bei Kräften bleiben zu können. Ob wir Hospizarbeit machen oder Angehörige an ihrem Lebensende begleiten – ein spirituell geschulter Blick macht es uns und den Sterbenden sehr viel leichter.

Dazu gehört aus meiner Sicht unbedingt auch das Wissen, dass der genaue Todeszeitpunkt niemals feststeht. Auch ein Arzt sollte niemals sagen: »Dann und dann werden Sie sterben.« Das könnte wie eine selbsterfüllende Prophezeiung wirken. Selbst wenn ich sehe, dass ein Mensch ganz offensichtlich in seinem Sterbeprozess ist und die Engel mit ihren Lichtflügeln immer wieder nach oben zeigen, um ihm den Weg zu bereiten, würde ich niemals sagen: »Sie werden jetzt sterben.« Oder: »Du wirst gleich sterben.« Den allermeisten Menschen würde das Angst machen. Ich bin deswegen sehr vorsichtig in meiner Wortwahl. Innerlich spürt dieser Mensch ohnehin, dass es mit ihm auf der physischen Ebene zu Ende geht. Und wenn er es in seinem Bewusstsein verdrängt, dann ist das sein gutes Recht. Es ist seine eigene Art, mit seinen Gefühlen umzugehen, damit sie ihn nicht überwältigen. Jeder von uns wird seine eigene individuelle Art haben, damit umzugehen, wenn es dann so weit ist. Es gibt auch hier kein Richtig und Falsch.

Ich habe schon recht viele Menschen beim Sterben begleitet und dabei noch nie das Wort »Tod« in den Mund genommen. Ich finde es einfach grausam. Stattdessen habe ich ihnen die Engel beschrieben, wie sie voller Zuversicht nach oben zeigen und die Seele einhüllen. Diese Bilder können die Menschen annehmen, sie geben ihnen Sicherheit und Geborgenheit. Und mit genau dieser Sicherheit und Geborgenheit können sie dann viel leichter ihren letzten Schritt gehen und sich auch auf der anderen Seite viel leichter orientieren. Es ist sehr wertvoll, friedvoll einschlafen zu können.

Es geht nicht darum, den Menschen alles zu sagen, was man weiß. Und vor allem geht es nicht darum, sie im Sterbeprozess mit etwas zu konfrontieren. Das Da-Sein in einer liebevollen Haltung, das ist es, was ihnen sehr gut helfen und sie in Verbindung mit den lichtvollen Sphären bringen kann, die sie erwarten. Worte können verletzen und ängstigen, und auch wenn sie wahr sind, sind sie nicht immer hilfreich. Einen Sterbenden zu überfordern, hilft ihm natürlich nicht.

Ich empfehle Menschen bei einer Sterbebegleitung, denjenigen immer wieder zu segnen und ihn mit Loslassgebeten zu begleiten. Zum Beispiel könnte man sagen:

> »Mein lieber Freund, meine liebe Freundin, nimm die Hand deines Schutzengels und folge ihm ins Licht.«

Mit einem solchen Satz ist alles gesagt. Die Seele weiß um das, was geschieht, und wir können sie mit solchen Worten auch erreichen, wenn sich der Mensch selbst dieser Dinge nicht bewusst ist. Wir nehmen mit solchen Worten auch nichts vorweg. Wir können nicht wissen, wann der Tod bei diesem Menschen eintreten wird und ob er überhaupt jetzt schon sterben wird. Wenn wir ihn an seinen Schutzengel und den Weg ins Licht erinnern, ist das immer hilfreich. Vielleicht geht es um das Licht im Jenseits, vielleicht aber auch um eine lichtvolle Zeit hier auf der Erde, wie lang sie auch noch dauern mag. Mit solchen Worten halten wir alle Optionen offen, spielen nicht Gott und sprechen kein Todesurteil. Wir beeinflussen den Menschen nicht in eine bestimmte Richtung, die ihm Angst machen könnte und die vielleicht gar nicht richtig ist.

Es braucht sehr viel Fingerspitzengefühl, mit Sterbenden, ja mit Menschen überhaupt zu arbeiten. Im Bereich von Tod, Sterben und Trauer sind wir natürlich besonders verletzlich. »Mein lieber Freund, meine liebe Freundin, nimm die Hand deines Schutzengels und folge ihm ins Licht«, das gibt Hoffnung und Vertrauen.

Möglichstes Wohlbefinden auf beiden Seiten

Alles, was einem sterbenden Menschen körperlich guttut, ist neben der geistigen Unterstützung sehr hilfreich. Das kann auch eine Wärmflasche an den Füßen sein, denn warme Füße unterstützen enorm unser Vertrauen. Und je mehr Sterbende Vertrauen spüren, umso leichter und friedvoller schaffen sie den Schritt über die Schwelle.

Viele Menschen sind unsicher, ob sie einen anderen in seinem Sterbeprozess berühren dürfen. Berührungen gehören zum Schönsten, was wir in unserem irdischen Körper erfahren, und natürlich genießen das die meisten auch in ihren letzten Lebenstagen. Wenn wir vorsichtig damit sind und die Berührung sanft beginnen, werden wir spüren, ob sie erwünscht ist oder nicht. Aus meiner Erfahrung gibt es nur sehr wenige Menschen, die dies nicht wollen, weil sie sehr in sich abgeschottet sind. Es kann beispielsweise stimmig sein, die eigene Hand unter die des Sterbenden zu schieben, dann hat er die Möglichkeit, seine Hand problemlos wegzuziehen, wenn er die Berührung nicht möchte.

Manchmal gibt es ein schier endloses Ausharren und Warten und das Sterben zieht sich wie eine Endlosschleife dahin. Dann kann die geistige Arbeit mit den Gebeten sehr wohltuend und hilfreich sein – und auch ein gutes biologisches Zirbenöl unterstützt mit seiner entspannenden Wirkung. In einigen Hospizen wird das gern genutzt. Man kann den Raum dezent damit beduften und es auch sanft in Form einer Acht am Handgelenk und an den Fußgelenken oder Füßen einmassieren, vermischt mit einem hochwertigen Trägeröl. Es wirkt auch auf der Seelenebene.

So ist es auf der einen Seite wichtig, dem Sterbenden den Übergang dadurch zu erleichtern, dass man sein Wohlbefinden und seine Zuversicht liebevoll stärkt. Auf der anderen Seite solltest du, wenn du Sterbende begleitest, aufpassen, dass sie energetisch nicht an dir hängen bleiben. Was wir nicht kennen, macht uns immer erst einmal Angst, und so kann es passieren, dass der Mensch den Übergang schafft, seine Seele von unzähligen Engeln liebevoll empfangen wird und er sie aber anschaut im Sinne von: »Kenn ich nicht, will ich nicht, interessiert mich nicht.« Und so bleibt die Seele lieber bei dir, weil sie weiß, wie gut du dich um sie gekümmert hast. Du hast ihr Sicherheit gegeben und die will sie weiterhin.

So ist es wichtig, bei aller Liebe und mitfühlenden Zuwendung für den sterbenden Menschen immer auch bei sich zu bleiben, für sich zu sorgen und das Schicksal des anderen nicht auf sich zu nehmen. Hier nicht abgegrenzt zu sein, kann dich sehr viel Energie kosten. Wenn du dich nicht imstande fühlst, diese Abgrenzung vorzunehmen, solltest du zumindest keine Hospizarbeit leisten. Die Toten könnten sich sonst zu leicht an deiner Lebensenergie bedienen und du als wohlmeinender Mensch wirst immer schwächer. Wir alle brauchen unsere Lebensenergie für uns selbst – und die Seelen gehören ins Licht.

Menschen, ob tot oder lebendig, können sehr hartnäckig sein. Deswegen ist es wichtig, dass diejenigen, die an der Grenze zwischen Leben und Tod zu tun haben – sei es im privaten Leben, ehrenamtlich oder beruflich –, sehr gut auf sich achten, auf ihre eigene Anbindung an das Göttliche und auf eine gute Erdung im eigenen Leben. Auch ein Schutzgebet ist hier wertvoll:

»Ich habe mein Glück in mir gefunden. Ich wünsche dir, dass du dein Glück in dir findest, denn bei mir ist es nicht. So nimm die Hand deines Schutzengels und folge dem Licht.«

Wenn du es sprichst, spüre nach, ob es sich gut anfühlt. Wir alle müssen die Balance zwischen Empathie und Abgrenzung finden und immer wieder neu herstellen. Dieses Gebet ist so wundervoll, weil es beides verbindet. Es gibt dem anderen Orientierung, zeigt unsere Verbundenheit und zugleich stellt es einen Abstand her und verwurzelt uns in unserem eigenen Leben. Es ist ein sehr starkes Gebet – und natürlich kannst du es auch in Bezug auf lebende Menschen nutzen, die dich bedrängen.

Ein weiteres Schutzgebet möchte ich dir ebenfalls mitgeben, das sehr gut hilft, wenn dir das Schicksal eines anderen zu schwer auf den Schultern liegt. Es ist nicht unsere Aufgabe, anderen etwas abzunehmen. Jeder muss sein eigenes Päckchen tragen, auch wenn wir uns dabei natürlich sehr wohl gegenseitig unterstützen können – am besten in der Art, dass unsere Päckchen leichter werden. Du kannst dieses Schutzgebet auch nutzen, wenn du nach einer Begegnung mit jemandem das Gefühl hast, dass deine Lebensfreude verschwunden ist. Wann immer du ein solches Gebet sprichst, werde ruhig dabei, atme tief ein und aus und spüre, was die Worte in dir verändern:

»Göttliche Liebe erfüllt meine Seele. Alles andere lasse ich los. Alles andere lasse ich gehen.«

Du kannst dieses Schutzgebet auch nach einer Familienfeier oder einer beruflichen Veranstaltung nutzen. Überhaupt im Alltag, im Beruf, wenn dir eine Begegnung nicht gutgetan hat. Und eben auch, wenn es um Tod und Sterben geht und du dich belastet oder überfordert fühlst.

Manchmal erzählen mir in Seminaren Menschen von ihren Erfahrungen als Krankenschwester oder Pfleger. Ich kenne Menschen, die Jahrzehnte auf Intensivstationen gearbeitet und dabei unzählige Menschen, darunter auch immer wieder Kinder, in den Tod begleitet haben. Oft fragen sie mich, wie sie das alles verarbeiten sollen – denn auch wenn sie oberflächlich gesehen gut damit klarkommen, liegen all diese Schicksale dennoch in ihnen verborgen und wirken dort nach. Ich freue mich immer sehr, wenn ich erleben darf, dass diese Menschen weich und offen, mitfühlend und stark geblieben sind. Denn wie viele, gerade in den Betrieben der sogenannten heilenden Berufe, sind überfordert, innerlich verbittert und flüchten sich in Medikamente oder Alkohol.

Wirklich verarbeiten können wir solche Erfahrungen vielleicht nie. Sie werden uns immer bewegen und immer irgendwie in uns aktiv sein. Doch wir können in Frieden damit kommen. Vor allem ist es dafür aus meiner Erfahrung wichtig, dass wir aufpassen, dass sich die Seelen der Verstorbenen und vor allem der Kinder nicht in unserem Energiefeld anhäufen. Wir dürfen sie nicht aus Mitleid bei uns behalten, sondern müssen sie ins Licht hinein loslassen. Dafür sind die Gebete, die ich hier schon beschrieben habe, hilfreich. Loslassen ist kein Willensakt, so wie wir einen Stift fallen lassen können, wenn wir das wollen. Wenn es ums Loslassen von Emotionen geht, ist es immer eine Frage der inneren Bereitschaft und die muss aus unserer wachsenden Seelenstärke heraus immer größer werden.

Gerade wir Menschen, die mit anderen Menschen arbeiten, müssen uns immer neu bewusst machen: Wir können einem anderen, einem Kind ebenso wie einem Erwachsenen, niemals sein Schicksal abnehmen. Wir können sie nur begleiten. Und der größte Akt der Nächstenliebe und Hilfsbereitschaft ist es, jedem anderen Menschen seinen Weg zuzutrauen und zuzumuten. Das ist ungeheuer herausfordernd und doch ist es der einzig mögliche Umgang mit anderen, ob in persönlichen und familiären Beziehungen oder im Alltag eines Heilberufes.

Ich denke oft darüber nach, wie ich es für mich selbst sehe. Wenn ich in einer schwierigen Phase stecke und mich die Angst beschleicht, dass ich es nicht schaffen könnte, dann stellt sich mir ganz schnell die Frage: Was dann? Wer sollte es denn sonst schaffen, mein Leben zu leben und meine Geschicke in eine gute Richtung zu lenken? Es ist einzig und allein meine Aufgabe. Und so gilt es für alle anderen Menschen auch. Wenn wir versuchen, andere zu retten und ihr Leben zu leben, indem wir ihre Schwierigkeiten zu lösen versuchen, dann werden wir daran früher oder später zerbrechen.

Wenn eine Krankenschwester oder ein Pfleger viele Menschen durch Leiden hindurch in den Tod begleitet hat und sich von diesen Seelen belastet fühlt, all diese inneren Bilder immer wieder im Kopf hat, ist es sehr wichtig, loszulassen. Wenn du dich hier angesprochen fühlst, dann sprich vielleicht mehrmals am Tag dieses einfache Gebet in Richtung all dieser Seelen:

»Schaut nach oben ins Licht und folgt den Engeln.«

Sprich es zum Beispiel morgens, mittags und abends über drei Tage hinweg. Dann mach eine Pause und beobachte, ob sich etwas beruhigt hat. Bei Bedarf wiederholst du es – wie eine geistige Kur. Gib diesen Seelen eine Orientierung. Sie gehören ins Licht und sobald sie das begreifen, wollen sie auch ins Licht.

Du kannst es als eine geistige Kur ansehen. Das Wesentliche dabei ist, dass du das, was du sagst, wirklich fühlst. Und dass du nachspürst, was sich verändert. Fühlen ist wichtiger als Verstehen. Wenn du fühlst, was ein solches, ganz einfach wirkendes Gebet verändern kann, dann lässt es dein Vertrauen wachsen und dann kannst du mit weiteren Erfahrungen von Tod und Sterben immer besser umgehen. Du kannst sie für dich leichter nehmen und für dein Umfeld damit noch unterstützender sein.

Neben der Art Kur, die du mit diesem Gebet machen kannst, ist es natürlich auch eine Akuthilfe. Wann immer du mit einer schmerzhaften Erinnerung oder leidvollen Gedanken an einen Verstorbenen konfrontiert bist, sprich dieses kleine Gebet wie ein Mantra. Komm dabei vom Denken ins Fühlen und nimm die umfassende Liebe und das Vertrauen wahr, die dir dieses Gebet wieder schenken können. Erlebe diesen Satz jedes Mal so, als wäre es das erste Mal.

Ich selbst verdanke diesem Gebet sehr viel. Es hat meine Welt, mein Herz, mein Bewusstsein immer noch mehr erweitert und mir nach und nach Frieden gegeben. Es begleitet mich nun schon sehr viele Jahre und dennoch habe ich noch nicht annähernd das Gefühl, dass ich alle Kraft, die in ihm wohnt, ausgeschöpft habe. Es ist zwar in gewisser Weise eine Routine, es in bestimmten Momenten zu sagen, dennoch wird es für mich nie zur bloßen Gewohnheit. Ich spreche es immer neu, mit aller Achtsamkeit und meinem ganzen Gespür. Es kann so viel – es kann uns in einem schwierigen Moment helfen, es kann altes Leid in uns auflösen und es kann natürlich den Seelen Verstorbener und auch den Menschen helfen, die gerade in der letzten Phase ihres Sterbens sind. Auch für unseren eigenen Tod kann es uns heute schon viel Trost geben, denn es gibt uns eine Orientierung für das, was dann das Richtige sein wird. Du kannst mit den Worten variieren, so wie es sich für dich stimmig anfühlt und wie es dich gerade unterstützt.

»Schau ins Licht und folge deinen Engeln. Nimm die Hand deines Schutzengels und folge ihm ins Licht.
Göttliche Liebe erfüllt meine Seele, alles andere lasse ich los, alles andere lasse ich gehen.«

Egal, ob du privat oder beruflich mit Sterbenden oder Verstorbenen zu tun hast: Bei kaum etwas anderem muss man derartig gut auf sich selbst achten. Lass dich niemals zu etwas überreden, wenn du spürst, dass es dich überfordern würde oder einfach nicht stimmig ist. Atme immer gut durch, ganz bewusst in den Bauch hinein, spüre, wie sich die Bauchdecke hebt und senkt, und komm so immer wieder ganz bei dir an. Natürlich darfst du emotional sein, aber pass auf, dass du deine Stärke behältst und die Lebensfreude nicht verlierst.

Die eigenen Eltern verabschieden

Für sehr viele Menschen kommt der Tod dann zum ersten Mal ganz intensiv in ihr Leben, wenn ihre Eltern alt werden und allmählich ihren Sterbeprozess beginnen. Das kann enorm herausfordernd sein, weil sehr viele Emotionen mitspielen. Besonders schwer ist es dann, wenn man sich sehr nahesteht und liebevoll verbunden ist. Dann ist der Schmerz um den Verlust besonders groß. Doch auch, wenn das Verhältnis schwierig war und ist, tun sich große Hürden auf. Wie kann man sich gut verabschieden? Wie kann man sich noch versöhnen, vergeben, alte Geschichten miteinander lösen? Was kann man tun, um nicht später zu bereuen, dass man nicht mehr zusammengefunden hat?

Gerade die älteren Generationen haben meist nicht gelernt, ihre Gefühle zu zeigen und über intime Dinge und ihr eigenes Innenleben zu sprechen. Die inneren und äußeren Gespräche blieben an der Oberfläche und so ist man natürlich auch nicht geübt darin, sich miteinander einem so emotionalen Prozess wie dem endgültigen Abschiednehmen aus dieser Inkarnation zu öffnen.

Meine Antwort auf die Frage, was du in einer solchen Situation tun oder auch anderen raten kannst, ist wieder die gleiche. Du kannst beten – das Vergebungsgebet oder Schutzgebete –, du kannst Mutter oder Vater segnen, dir ebenso wie ihnen die Engel zur Seite bitten und Segnungskugeln versenden. Das ist das Beste und oft auch das Einzige, was du tun kannst. Wenn du aus irgendwelchen Gründen nicht bei ihnen sein kannst, dann könnt ihr telefonieren, auch per Videoanruf, oder du schickst Sprach- oder Videonachrichten, wenn du den direkten Austausch momentan nicht schaffst. Tu das, was dir möglich ist und was dich nicht überfordert und über bestimmte Grenzen bringt, die du aktuell wahren möchtest. Täglich für die Eltern zu beten, das kannst du in jedem Fall. Übergib es der geistigen Welt und staune, was sie daraus macht. Nach einem Gebet wirst du dich bereits viel leichter fühlen und möglicherweise wirst du inspiriert, eines Tages doch genau das Gespräch mit deinem Vater oder deiner Mutter zu führen, das du so lange für unmöglich hieltst. Das Leben kann so viele Wendungen nehmen, wenn wir dafür offen sind.

Wichtig ist – wie immer –, dass wir unsere eigenen Emotionen klären. Es ist unsere hauptsächliche Aufgabe, dass wir mit uns selbst klar sind und immer wieder neu, auch in herausfordernden Zeiten, für diese Klarheit sorgen. Dann kann selbst der Abschied von den Eltern in gewisser Weise etwas Leichtes und sogar etwas Wundervolles an sich haben, wie es viele Menschen berichten, die in diesem heiligen Moment des Todes bei ihren nächsten Verwandten waren.

Wenn jemand stirbt, seien es die Eltern, der Partner, ein Freund, eine Freundin, Kollegen oder auch ein Haustier, dann kommen immer Schuldgefühle in den Hinterbliebenen auf. Das ist ganz normal. Der Tod ist etwas so Endgültiges. Natürlich geht das Leben weiter, für die Angehörigen ebenso wie für die Seele, doch auf einer bestimmten Ebene hat sich eine Tür für immer geschlossen und alles, was noch nicht geklärt und bereinigt werden konnte, scheint jetzt auf ewig in diesem Zustand bleiben zu müssen. Und auch wenn wir natürlich selbst jetzt noch auf geistigem Wege sehr viel bereinigen und heilen können, ist es in diesem direkten Gespräch von Mensch zu Mensch nicht mehr möglich. So bleiben wir mit einer wilden Mischung aus Emotionen zurück, zu denen auch mehr oder weniger Schuldgefühle gehören. Angesichts der Endlichkeit und der Endgültigkeit des Todes wünschen wir uns, dass wir uns vielleicht noch für dieses oder jenes entschuldigt hätten, dass wir etwas netter und aufmerksamer zu dem anderen gewesen wären oder dass wir ihm einfach noch einmal – oder überhaupt einmal – gesagt hätten, dass wir ihn lieben und schätzen. So ist der Tod auch ein großer Lehrmeister, der uns das Verpasste bewusst macht und es uns hoffentlich in anderen Beziehungen dann nicht noch einmal verpassen lässt.

Mit der Seele können wir jederzeit über unsere Emotionen Kontakt aufnehmen und ihr liebevoll mitteilen, was wir zu Lebzeiten glauben, versäumt zu haben. Und wir dürfen wissen, dass die Seele mit fortschreitendem Aufstieg alles verzeiht und nur noch liebevoll zurückblickt.

Zur Trauer gehört ganz maßgeblich, mit den eigenen Gefühlen umgehen zu lernen. Es ist eine Kunst, Gefühle richtiggehend zu gestalten, statt sich von ihnen überwältigen zu lassen. Dabei kann uns der himmlische Beistand, um den wir jederzeit für uns und für andere bitten können, ebenso helfen wie das Bewusstmachen, dass unsere Schuldgefühle zwar normal sein mögen, aber nicht angebracht sind. Wir haben, so wie alle Menschen, in jedem Moment unseres Lebens das getan, was wir eben tun konnten. Und vielleicht hat vieles, was uns falsch oder schmerzhaft vorkommt, auch seinen tieferen Sinn.

Das Loslassen unterstützen

Wir alle kennen wahrscheinlich diese Geschichten, wo Sterbende mit ihrem wirklichen endgültigen Übergang so lange warten, bis die Angehörigen gerade nicht anwesend sind. Wollen viele Menschen also beim Sterben gar nicht im Kreise ihrer Lieben sein? Auf der anderen Seite plagt uns ein schlechtes Gewissen, wenn wir aus irgendwelchen Gründen nicht bei unseren Angehörigen sein können, um sie in diesem bedeutsamen Moment zu unterstützen.

Meine Erfahrung hierzu ist, dass sich meistens alles so regelt und gestaltet, wie es richtig ist. Manchmal ist es leichter zu gehen, wenn man allein ist. Manchmal, wenn man physischen Beistand hat. Das Wichtigste ist, dass man eine stimmige Art findet, Abschied zu nehmen. Das kann auch aus der Ferne und im Geist passieren, wenn es nicht anders möglich ist. Wir können anderen ihr Los nicht abnehmen. Doch wir können den Sterbenden – auch im Geiste – beistehen.

Für die Angehörigen von Sterbenden ist es wichtig, dass sie sich bei der Art, wie sie ihre Lieben begleiten, so weit wie möglich gut fühlen. Nur dann können sie auch wirklich hilfreich sein. Es ist ganz individuell und auch situationsbedingt, es geht hier nicht um irgendeine uns von außen aufgezwungene Moralvorstellung.

Tatsächlich ist es nicht immer leicht zu sterben. Dass jemand im Sterben kämpft, kann viele unterschiedliche Ursachen haben. Oft ist es die Angst vor dem Ungewissen, die Sorge um die Hinterbliebenen, gewisse Besitzansprüche oder dass jemand nicht loslassen will.

Ich erinnere mich beispielsweise daran, dass die Zwillingsschwester meiner geliebten Urgroßmutter in einem sehr hohen Alter ziemlich lange pflegebedürftig war. Sie war seit ihrer Kindheit blind und hatte damit in Russland, noch dazu als Wolgadeutsche und in der Kriegsgeneration, sicher kein leichtes Schicksal. Nun lag sie in ihrem Zimmer und ich hörte sie oft, wenn ich vorbeiging, nach mir rufen. Sie flehte mich an, ihre Hand zu halten. Für mich an der Schwelle zum Teenageralter war das zwar eine ziemliche Überforderung, doch ich habe mich immer zu ihr gesetzt.

Es hat mich gewundert, warum sie einfach nicht sterben konnte. Einmal habe ich wieder ihre Hand gehalten und als ich wenig später bei mir zu Hause war, meinte ich einen Schrei von ihr zu hören. Ich zündete eine Kerze für sie an und sprach ganz unwillkürlich das Gebet:

»Schau nach oben ins Licht und folge den Engeln.«

Ihre Seele hat das offenbar vernommen, denn ich spürte einen Moment später einen eiskalten Schauer in meinen Rücken, an den Beinen entlang und in die Füße hinein. Es war wirklich, als wäre ich in ein Eisbecken gefallen. Doch danach konnte ich wieder leichter atmen – und kurze Zeit später ist die alte Frau endlich gestorben. Sie konnte friedlich einschlafen.

Was war passiert? Heute weiß ich, dass so ein feiner Kälteschauer ein Zeichen für eine unerlöste Seele im Raum sein kann. Aber dieser Kälteschauer bedeutet manchmal auch, dass etwas Karmisches gelöst wurde. So oft hatte ich mit meinen heilenden Händen die Hand dieser Frau gehalten und mit meinen Gebeten Segen für sie bewirkt. Irgendwann konnte sie mit ihrem schweren Schicksal, das ihr auch während der Kriegsjahre stark zugesetzt hatte, zum ersten Mal Vertrauen spüren und dann endlich loslassen. Ein altes Karma war von ihr abgefallen – und gleichzeitig war in diesem Moment des eiskalten Schauers auch von mir etwas abgefallen. Immer wenn wir jemand anderem heilsam begegnen, heilt auch ein Teil in uns. Diese alte Frau konnte als Seele sehr schnell ins Licht gehen. Lange Zeit hatte sie sich darauf vorbereitet, während sie pflegebedürftig in ihrem Bett lag. Jetzt aber ließ sie sich nicht mehr aufhalten und schaute nicht einmal mehr zurück. Für mich war es eine frühe Erfahrung, die in mir das Wissen zu stärken begann, dass keine gute Tat, kein gutes Wort, kein Gebet jemals verloren geht.

Es scheint oftmals verwunderlich, dass gerade sehr religiöse Menschen so schwer sterben, wie es bei dieser Frau der Fall war. Sie müssten doch eigentlich keine Angst haben, da sie ein inniges Verhältnis zu Gott haben müssten. Doch oftmals sind gerade sie nicht imstande, wirklich zu vertrauen. Vor allem dann nicht, wenn ihre Religiosität oder Spiritualität vorwiegend aus angelernten Normen und Konstrukten des Verstandes besteht. Statt wirklich zu spüren und zu fühlen, was ihre Seele und das Göttliche in ihnen selbst ihnen sagen, achten sie darauf, äußere Formen einzuhalten. »Lebe ich nach meinen Geboten? Dann bin ich also richtig.« »Lebe ich das, was meine religiösen Autoritäten sagen? Dann bin ich also richtig.« Das lässt sich auch übertragen: »Lebe ich nach der richtigen Ernährungsweise? Mache ich den richtigen Sport? Habe ich den richtigen Lifestyle? Dann bin ich also richtig.« Das alles sind nur Konstrukte.

Ich bin so froh, dass ich mir immer selbst meine spirituelle Lehrerin war. Denn nichts an all diesen religiösen oder spirituellen Konstrukten konnte mich je überzeugen. Die wahren Meisterinnen und Meister sind für mich die Menschen, die demütig, liebevoll und hilfsbereit sind und in diesem liebevollen Bewusstsein ihre Individualität leben. Heute weiß ich, dass man Spiritualität nicht lehren und auch nicht lernen kann. Es ist ein Zustand der Liebe, den uns andere nur vorleben können. Sie können ihn ausstrahlen und wir können uns davon berühren lassen. Und dann kann auch dieses Vertrauen entstehen, das uns den Sterbeprozess erleichtert und uns entspannt und freudig auf die andere Seite gehen lässt, wenn es eines Tages so weit ist.

Die Seelen Verstorbener sind – natürlich – so individuell und unterschiedlich wie wir lebenden Menschen. Und so ist auch ihre Art, mit dem Abschied von der irdischen Ebene umzugehen, recht vielfältig. Manchmal berichten mir Menschen, die meine Seminare oder meine Ausbildung zum Cosmogetischen Sterbe- und Trauerbegleiter absolviert haben, dass sie einem Menschen intensiv, manchmal über Tage hinweg beim Übergang ins Licht geholfen haben – und schwups, war er weg. Selbst bei der Beerdigung war er kein bisschen zu spüren. Das kann natürlich am Ego kratzen, war man doch so unterstützend für sein weiteres Wohlergehen. Doch manche Seelen hält einfach nichts mehr auf den erdnahen Ebenen. Sie sind aber sicher dankbar für die gute Begleitung – und dann heilfroh, endlich hinauf ins Licht gehen zu können, hinein in neue Abenteuer.

Andere hingegen brauchen lange, bis sie sich vom Irdischen verabschieden können. Es kann eine Herausforderung sein, wenn ein alter und schwer kranker Mensch über Tage und Wochen davon spricht, sterben zu wollen, und sich sein Leben dann doch Tag für Tag hinzieht, er sich quält und leidet. Auch hier können wir vor allem mit unseren Gebeten und unseren guten Wünschen unterstützen und die Sache an die Engel abgeben.

Natürlich halten manchmal auch die Angehörigen einen Sterbenden zurück. Eine Frau beispielsweise hat von einem Tag auf den anderen ihre Mutter verloren und als ein paar Jahre später ihr sehr alter Vater im Sterben lag, zog sich dieser Prozess ungewöhnlich lange hin. Der Schock von damals hat eine Verlustangst in ihr entstehen lassen, die ihr lange Zeit gar nicht bewusst war, denn auf der rationalen Ebene glaubte sie sich durchaus versöhnt mit dem Tod und mit dem Weitergehen der Seele in die lichtvollen Welten. Doch von der Mutter hatte sie sich damals nicht verabschieden können und deswegen konnte sie jetzt auch den Vater nicht loslassen. Ich empfahl ihr, ihrer Mutter einen Abschiedsbrief zu schreiben und alles hineinzubringen, was sie ihr noch sagen wollte. Diesen Brief könnte sie dann ganz achtsam in einem Feuer verbrennen und all ihre Gefühle dem Rauch übergeben, der nach oben steigt. Sie tat es, danach konnte sie die neue Situation akzeptieren und den sterbenden Vater liebevoll loslassen und zur Schwelle ins Jenseits begleiten.

Segen für die Familie und alle Angehörigen

Wann immer wir Angst um einen lieben Menschen haben, können wir um den Segen der geistigen Welt bitten. Nimm dir dafür einen Moment Zeit, atme in Ruhe durch und verbinde dich mit dem Göttlichen in dir und um dich herum. Lass dann zwischen deinen Händen die heilende Lichtkugel entstehen, so wie du es bereits gelernt hast.

Spricht dann das folgende Gebet:

»Liebe lichtvolle geistige Welt, ich danke für das Leben. Ich danke für alle Menschen, die mein Leben teilen. Ich bitte um Segen für meine Familie und meine Lieben. Auf dass sich alles heilsam zum Wohle aller entfaltet. Ich weiß, für meine Lieben wird gesorgt. Und ich habe Vertrauen in mich und in das Leben. Danke.«

Dann übergibst du die Lichtkugel mit einem leichten Herzen nach oben. Die Engel verteilen sie über alle, die dir lieb sind, und geben ihre himmlische Unterstützung hinzu.

Es ist nicht wirklich wichtig, wann wir gehen, sondern wie wir gelebt haben. Durch die Gebete und unsere Hinwendung an die lichtvolle geistige Welt können wir all die Schocks, die uns und unseren Lieben im Leben passiert sein mögen, vielfach auflösen und heilen. Uns sind nie die Hände gebunden. Immer können wir andere Menschen und die Situation segnen und um die Unterstützung der Engel bitten. Das gilt im Leben und das gilt auch im Sterben.

Ein Wort zur Demenz

Viele Menschen denken, dass eine Demenz der Beginn des Sterbeprozesses ist. Das stimmt aber nicht. Demenz ist eine Erkrankung und hat erst einmal noch nichts mit dem Sterbeprozess zu tun. Natürlich sterben heute sehr viele alte Menschen mit oder an einer Demenz und viele der Angehörigen fragen sich, inwieweit dies den Sterbeprozess verändert. Manchmal berichten mir auch Menschen, die Demenzkranke pflegen, dass sie von ihnen zumindest in den ersten Krankheitsphasen hören, dass sie gern sterben würden. Die Betroffenen spüren, wie sie sich selbst verlieren und sich in ihrem Kopf alles dreht. Das kann ich sehr nachempfinden, Demenzkranke verschwinden allmählich in ihrer Innenwelt und werden im Leben zunehmend hilflos wie ein kleines Kind.

Was wir neben der Unterstützung im alltäglichen Leben vor allem tun können, ist, für sie zu beten und sie zu segnen. Ob sie das bewusst mitbekommen oder nicht, spielt keine Rolle. Ein Segen und der Trost der Engel gehen ins Herz und können dort ihre Wirkung tun. Und es bereitet die Menschen darauf vor, sich irgendwann nach ihrem Tod auf die lichtvollen Welten zu orientieren und sich dort dann nicht mehr verloren zu fühlen. Wir können sagen, tatsächlich ein bisschen so, als würden wir liebevoll mit einem Kind sprechen:

> »Die Engel umarmen dich. Sie tragen dich und sind für dich da. Nimm ihre Hände und spiel mit ihnen. Du darfst dich in deiner Welt wohlfühlen. Lass alles Liebevolle zu dir kommen.«

Wie steht es um Organspenden?

Wenn wir von Tod und Sterben sprechen, darf natürlich auch dieser Aspekt nicht fehlen. So viele Menschen sind mit der Frage beschäftigt, was eine Organspende eigentlich bedeutet – gerade, wenn sie spirituell ausgerichtet sind. Was bedeutet es für die Seele des Spenders und auch für die Seele des Empfängers?

Sehr viele Menschen zögern mit ihrer Entscheidung. Denn einerseits begrüßen sie die moderne Medizin und freuen sich für jeden Menschen, dem durch eine Organspende geholfen werden kann. Auf der anderen Seite aber stehen da große Zweifel. Die Organspende wird gemacht, während der Mensch hirntot ist, aber noch kein Herzstillstand eingetreten ist. Sie passiert oftmals auch nicht unter Vollnarkose – und was davon bekommt der Spender mit? Einem Toten kann man keine funktionsfähigen Organe entnehmen, da diese noch durchblutet sein müssen, wenn man sie danach einem anderen Patienten einsetzen möchte. Man greift also intensiv in den Sterbeprozess ein und man weiß: Der Puls beim Spender geht hoch, Schweißausbrüche geschehen, selbst die Haare können während dieses Prozesses ergrauen. Kann das einem Toten passieren?

Es ist ein sehr komplexes Thema. Ich habe Seelen im Jenseits gesehen, deren Körper für die Organspende freigegeben wurde – und sie waren glücklich darüber, dass sie vielen anderen Menschen haben helfen können, als es für sie selbst keine Chance mehr gab. Es waren Seelen, deren Körper bei der Organentnahme vollständig narkotisiert waren. Sie konnten ihren Weg gut weitergehen. Sie waren gewissermaßen ein Optimalfall in diesem Bereich, wenn man so ein Wort hier überhaupt verwenden kann.

Genauso habe ich aber auch Seelen erlebt, die eine Organentnahme bei vollem Bewusstsein und noch im Körper anwesend erfahren haben. Dieses Bewusstsein kann mit medizinischen Mitteln nicht nachgewiesen werden. Doch ich habe diese Seelen extrem traumatisiert wahrgenommen, als sie in den jenseitigen Welten ankamen. Sie haben ihrem eigenen Töten zugesehen und es gespürt. Ich habe mit einigen von ihnen gearbeitet und sie in die lichtvollen Welten geschickt. Aber es war schon starker Tobak.

Ich kann aufgrund dieser Erfahrungen keine Empfehlung für oder gegen die Organspende abgeben, aber ich möchte an die Transplantationsmediziner appellieren, für eine vollständige Narkotisierung des »Spenders« zu sorgen. Zusätzlich sinnvoll wäre sicherlich die vorherige Kontaktaufnahme mit der Seele dieses Menschen, um sie auf die Entnahme vorzubereiten. Man muss nämlich auch bedenken, dass es passieren kann, dass die Seele weiterhin in einem Spenderorgan schwingt, wenn die Trennung mit dem Spender nicht richtig erfolgte. Jeder kennt diese Geschichten, bei denen sich ein Mensch nach einer Herztransplantation plötzlich vom Wesen her total veränderte und beispielsweise anfing, klassische Klaviermusik zu hören, was er früher nie getan hat. Wer liebt diese Musik? Ist es die Seele des Spenders, die in seinem Herzen weiterlebt?

Ich rate jedem Menschen, der sich für eine Organspende bereit erklärt, zu Lebzeiten schriftlich darauf zu bestehen, dass die Organe nur bei vollständiger Narkose entnommen werden dürfen. Dann gibt er sie im Frieden ab und beendet ebenso friedvoll sein Leben.

Vorahnungen vom Tod

Blicken wir noch einmal auf die Frage, inwieweit der Tod eines Menschen vorherbestimmt sein könnte. Ich habe schon davon gesprochen, dass der Todeszeitpunkt im Vorfeld nicht feststeht. Er wurde nicht in den Seelenplan geschrieben, das Datum ist nicht fix und wir haben stets die Möglichkeit, unserem Leben eine neue Richtung zu geben. Dennoch gibt es immer wieder Beispiele dafür, dass jemand den Tod eines nahen Mitmenschen oder den eigenen Tod vorausahnt. Das geschieht manchmal sogar bei einem Unfalltod, einem Tod also, den keine schwere Erkrankung ankündigte.

So erzählte mir beispielsweise einmal eine Frau, dass sie den Tod ihres Mannes vorausgeahnt hatte. Und auch er, so sieht sie es heute nach zwölf Jahren, schien sich bereits zwei Monate lang darauf vorzubereiten. Als der Unfall dann passierte, wurden ihr diese Vorahnungen erst so richtig und in ihrer ganzen Tragweite bewusst. Am Abend zuvor wirkte ihr Mann stark verändert, er tat Dinge, die er sonst nie tat, und hörte seit Ewigkeiten mal wieder ganz bewusst seine Lieblingsmusik. Am nächsten Tag ließ er seine Lieblingsuhr zu Hause, ganz entgegen seiner Gewohnheit, und sie blieb tatsächlich zum Todeszeitpunkt stehen. Das Enkelkind schrie den ganzen Abend, es verstärkte damit im Empfinden der Frau die dramatische Grundstimmung. Und natürlich fragte sie sich nun, ob der Todeszeitpunkt nicht doch festgeschrieben ist und sie ihn unbewusst gespürt hatten.

Wie lässt sich der Fall erklären? Das Künftige entsteht aus der Gegenwart, aus unseren jetzigen Handlungen, Entscheidungen, Empfindungen, Gedanken und natürlich auch Umständen. Wir ziehen durch unsere Schwingung immer die dazu passenden Dinge an und es kann sein, dass wir genau diese Dinge vorausahnen, weil wir natürlich unsere Schwingung selbst kennen. Unterbewusst gingen damals vermutlich beide mit dem Tod in Resonanz. Sie spürten, dass diese Energie in seinem Feld lag, was aber nicht heißt, dass es nicht auch anders hätte kommen können. Es war nicht so »geplant«. Vielleicht hätten sie sich diese inneren Vorwarnungen auf eine Weise bewusst machen können, die ihnen ein Innehalten hätte ermöglichen können. »Lass uns aufmerksam sein, hier stimmt etwas nicht. Lass uns entschleunigen. Da sind ungute Gefühle, lass uns das anschauen und überprüfen, ob der Kurs unseres Lebens korrigiert werden möchte.«

Manchmal können wir damit unseren Weg, unser Schicksal wandeln. Doch diese besondere Aufmerksamkeit haben wir in den wenigsten Fällen, wir sind sie nicht gewohnt und sind mit solchen Vorahnungen eher überfordert, sodass wir sie im Halbbewussten lassen und lieber nicht daran denken. Aber wir haben immer die Möglichkeit. Wir können uns jeden Tag für einen Moment in Ruhe hinsetzen und unser Gebet sprechen:

> »Liebe lichtvolle geistige Welt, ich bitte um Segen für mich und meine Lieben. Möge sich alles so entwickeln, wie es sinnvoll und lichtvoll ist.«

Das heißt nicht, dass wir damit dem Tod von der Schippe springen können, wenn er unausweichlich geworden ist. Aber wir segnen unser Leben und geben unsere Geschicke in die Hände der lichtvollen geistigen Welt.

Mit all dem sage ich ausdrücklich nicht, dass diese Frau anders hätte reagieren müssen und dann würde ihr Mann noch leben. Das können wir nicht wissen und wir dürfen uns mit solchen Ideen nicht zu wichtig nehmen. Damals haben beide so gelebt und gehandelt, wie es für sie eben möglich war. Wir tun immer unser

Bestes und wir wachsen daran, sodass wir so manchen Schmerz nicht wiederholt erleben müssen.

Unsere Intuition ist ein unglaublich kostbarer Schatz. Und gerade sehr sensible Menschen spüren einfach, was sich im Feld abspielt. Mit meiner Arbeit und auch mit diesem Buch möchte ich nicht zuletzt diese Menschen unterstützen, ein Bewusstsein für ihre Fähigkeiten zu bekommen und sie weiter auszubauen. Es ist mein Wunsch, dass du in den vielen Wechselfällen des Lebens selbstbewusst und eigenverantwortlich handeln kannst. Wenn ungute Stimmungen aufkommen, dann weißt du: Es ist Zeit, innezuhalten, sich an die lichtvolle geistige Welt zu wenden und die Emotionen zu klären. Für andere Menschen können wir immer nur unseren Segen aussprechen und in unseren Gebeten das Beste für sie wünschen. Ihren Weg gehen müssen sie selbst, ihr Leid auflösen müssen sie selbst und auch ihre Fehler machen oder korrigieren müssen sie selbst. So wie wir alle.

Bei alten Menschen ist natürlich absehbar, dass sich ihre Zeit auf der Erde tendenziell dem Ende zuneigt. Bei ihnen lässt sich daher häufig beobachten, dass sie eine gewisse Zeit vor ihrem natürlichen Tod beginnen, Ordnung in ihr Leben zu bringen. Die Wohnung wird entrümpelt, Dinge werden verschenkt, verteilt oder weggeworfen. Es entsteht zudem oft das Bedürfnis, mit einigen Menschen noch einmal ein klärendes Gespräch zu führen. Ein älterer Bekannter von mir hat kurz vor seinem Tod einen regelrechten Aufarbeitungszwang entwickelt. Er hat das ganze Haus renoviert und für seine Frau alles perfekt geregelt, sodass sie auch finanziell gut versorgt war. Dabei war er nicht krank und auch noch nicht so alt, dass man das Sterben hätte erwarten müssen. Eines Tages war die Frau beim Einkaufen und als sie nach Hause kam, war der Mann einem Herzinfarkt erlegen. Für die Angehörigen war es ein großer Schock, zumal sich der nahe

Tod keinesfalls im Vorfeld abzeichnete. Es war dann zumindest erleichternd, dass der Mann schon so viel geregelt hatte. Er hatte offenbar auf seelischer Ebene gespürt, dass sein Leben zu Ende gehen wird, und wollte mit leichterem Gepäck ins Jenseits reisen. Also folgte er diesen Impulsen seiner Seele, noch aufzuräumen und seine Dinge zu regeln. Auch bei ihm würde ich nicht sagen, dass der Todeszeitpunkt im Seelenplan festgeschrieben war. Doch seine Seele hatte gespürt, dass es jetzt an der Zeit war, weiterzuziehen.

Alles im Leben ist Schwingung und so kann es auch sein, dass technische Geräte auf unsere Schwingung reagieren, dass wir beispielsweise so aufgeregt sind, dass die Internetverbindung zusammenbricht. Oder dass eine Uhr stehen bleibt, wenn ihr Besitzer stirbt. Die Geräte sind seelenlos, doch sie können auf die Schwingung einer menschlichen Seele reagieren und von ihr beeinflusst werden. Unser Körper ist die maximale Verdichtung der Energie und mit unserer Schwingung können wir eben auch die Schwingung von allem um uns herum beeinflussen. Solche Beispiele zeigen uns, welch unglaublich starke Kräfte in uns wohnen, die wir bewusst einzusetzen lernen können.

Die Toten noch einmal sehen – oder lieber nicht?

Aus meiner Sicht ist es nicht wichtig für die Trauer und die Verarbeitung des Verlusts, dass insbesondere Kinder den toten Körper ihrer Angehörigen noch einmal sehen. Das kann höchst traumatisierend sein. Für Erwachsene dagegen kann es manchmal wichtig sein, damit sie tatsächlich realisieren können, dass dieser Mensch in seiner irdischen Gestalt nicht mehr zurückkommen wird. Den

Toten zu sehen und sich zu verabschieden, kann helfen, die Realität in ihrer ganzen Tragweite wirklich zu erfassen.

Nehmen wir spirituell Abschied, muss dieser letzte Besuch des Körpers nicht nötig sein. Dann können wir mit der Seele Kontakt aufnehmen, sie segnen, auf das Licht und die Engel hinweisen und uns von ihr mit einem kleinen Ritual verabschieden. Ein Abschied ist auf jeden Fall wichtig, damit das Leben dieses Menschen einen würdigen Abschluss findet – auch in uns selbst.

Mir bescherte der Wunsch einer Verwandten, eine verstorbene Angehörige im Leichenschauhaus noch einmal zu besuchen, eine außergewöhnliche Erkenntnis. Als ich mit zwölf Jahren nach Deutschland kam, begegnete mir ab und zu die Vorstellung von Sensenmännern. In Filmen, Theater oder Karikaturen werden sie manchmal dargestellt, sie bringen den Tod und haben etwas Furchterregendes an sich. Ich kannte dieses Bild aus meiner Heimat nicht und wunderte mich, allerdings dachte ich auch nicht länger darüber nach, man muss sich schließlich nicht über alles den Kopf zerbrechen. Eines Tages aber wurde mir gezeigt, was es mit diesen sogenannten Sensenmännern tatsächlich auf sich hat.

In meiner Familie hier am Bodensee war eines Tages eine alte Verwandte friedlich eines natürlichen Todes gestorben. Sie wurde abgeholt und lag nun aufgebahrt im Leichenschauhaus. Eine Verwandte meinte, sie wolle sie unbedingt noch einmal sehen, um sich wirklich verabschieden zu können. Ich sagte ihr, dass sie nicht mehr bei ihrem Körper ist, doch sie wollte sie gern noch einmal physisch vor sich sehen. Manchmal müssen wir uns auf diese Weise verabschieden und manchmal müssen wir die frühere Hülle eines lieben Mitmenschen noch einmal berühren. Wenn wir eine gute Verbindung zu diesen Menschen hatten, dann ist das auch meist kein Schrecken. Es ist einfach Teil des Trauerns. Wir lassen zu, dass sich unsere Perspektive verändert, sagen noch einmal Danke und Auf Wiedersehen und unterstützen liebevoll den Aufstieg.

Diese Verwandte nun bat mich mitzukommen. Wir kamen in einem kühlen Raum an, in dem der Leichnam lag. Die Frau ging zu ihm und sagte von Herzen noch das, was sie sagen wollte. Ich spürte, dass sie eine schöne Verbindung zu dieser Großmutter hatte, die sehr viel für die Familie getan hat. Ich stand etwas abseits und wartete, bis sie fertig sein würde. Die Seele war nicht mehr im Raum und so war das Ganze für mich eher uninteressant. Ich war einfach als Unterstützung dabei.

Doch plötzlich veränderte sich die Atmosphäre. Ich dachte gerade noch darüber nach, wo wir später einen Kaffee trinken gehen könnten und wie ich diese Verwandte ein wenig aus ihrer Trauer herausbekommen würde, da veränderte sich schlagartig die Schwingung im Raum. Ich war mit einem Mal hellwach und schaute forschend, was hier vor sich ging. Ich nahm es so wahr, als würden wir plötzlich im Nebel stehen, der sich um uns herum in dichten Schwaden bewegte. Aus diesen wolkigen Gebilden kamen unzählige Engelgestalten, die den Loslassprozess unterstützen wollten. Ich hätte sie nicht zählen können, es waren so viele und sie gingen zum Teil ineinander über. Sie strahlten genau diese Stille aus, die eine Trauernde benötigt. Ihr Licht glich dem des Mondscheins und sie umkreisten den toten Körper. Für einen kurzen Moment war ich verunsichert, denn diese Art von Engeln hatte ich noch nie gesehen. Doch ich wusste und spürte, dass wir absolut geschützt sind.

Schließlich kreisten sie den Leichnam und die Trauernde ein, da zwischen den beiden eine starke emotionale Verbindung bestand. Ich selbst war ja außen vor. Dann begannen sie alle mit einer Bewegung, als würden sie feinstoffliche Fäden zwischen dem toten Körper und der trauernden Frau zertrennen. Immer und immer wieder, in aller Stille und Würde, vollführten sie diese Bewegung des Trennens. Ich sah, dass vom Leichnam noch einige Restinformationen ausgingen, die wie feine Fäden gespannt waren. Es waren Erinnerungen an die zurückgelassene Persönlichkeit und es waren Emotionen der Verwandten, die ebenfalls wie zarte Lichtfäden zwischen dem Leichnam und der Trauernden verliefen. Die Engel aber durchtrennten all diese Fäden. Währenddessen wurde es immer leichter und heller in diesem Raum.

So plötzlich, wie sie gekommen waren, verschwanden diese Engel wieder durch die Wände. Meine Verwandte hörte auf zu weinen und strahlte absoluten Frieden aus. Es war stimmig geworden. Die Engel hatten mit ihrer Bewegung alles mitgenommen, was die Frau noch an ihre verstorbene Verwandte gebunden hatte. Sie hatten ihr geholfen, loszulassen. Als mir das bewusst wurde, begriff ich plötzlich, dass es die Gestik war, als würde man mit der Sense auf dem Feld das Getreide mähen. Diese Engel waren die sogenannten Sensenmänner! Doch sie bringen nicht den Tod. Der Tod ist etwas ganz Natürliches, ohne das es auch kein Leben gäbe. Diese Sensenmänner kommen, wenn der Tod schon längst eingetreten ist. Sie trennen die Welten, die nicht mehr eins sind, aber noch aneinanderhaften. Sie unterstützen die Menschen dabei, das alte Kapitel abzuschließen und den Tod des Angehörigen zu akzeptieren und zu verinnerlichen. Sie helfen den Menschen, loszulassen, in Frieden zu kommen und wieder nach vorn zu schauen. Sie trennen außerdem die noch vorhandenen emotionalen »Fäden« und Anhaftungen der Seele an die bisherige Inkarnation.

Wenn ich von diesen Sensenmännern erzähle, treffe ich bei so manchen Menschen einen wunden Punkt. Genau dieses Loslassen und Weitergehen ist für viele sehr schwierig. Es kommt ihnen grausam und zu schmerzhaft vor. Doch es ist die ganz natürliche Entwicklung. Das wirkliche, tief verinnerlichte Loslassen geschieht erst am Ende des Trauerprozesses. Doch diese Engel der Stille, die frühere Generationen als Sensenmänner gedeutet haben, helfen den Trauernden schon am Anfang, sich nicht länger mit dem zu belasten, was einfach nicht mehr zu ihrem Leben gehört. Die Liebe zu den verstorbenen Verwandten oder Angehörigen kann in ihrem Herzen lebendig bleiben, doch sie gehen in ihrem eigenen Leben weiter voran.

Meine Verwandte hatte die Veränderung im Raum sehr deutlich wahrgenommen. Kaum waren diese Engel gegangen, kam sie auf mich zu, nahm meine Hand und meinte, sie wisse nicht, was es war, aber es sei etwas passiert und jetzt gehe es ihr gut. Wir verließen den Raum, gingen ans Ufer des Bodensees und ich erzählte ihr von meiner Wahrnehmung. Für mich hat sie noch einmal die Klarheit in mir darüber bestärkt, dass es in der geistigen Welt nichts Böses gibt. In der Menschenwelt habe ich viel Böses wahrgenommen und nehme es noch wahr, in der geistigen Welt hingegen nie.

Seelen auf ihrer Beerdigung

Wie geht es für die Seele nach dem Tod weiter? Menschen unternehmen oft einen großen Aufwand für die Beerdigung eines geliebten Menschen. Nicht selten beschleicht sie ein Pflichtgefühl und sie versuchen, es diesem Verstorbenen (und natürlich den anwesenden Verwandten und Freunden) recht zu machen und sich ja keine Blöße zu geben. Doch wie sehen das eigentlich die Seelen? Brauchen sie einen solchen Aufwand? Oder dient er vor allem dazu, den Hinterbliebenen auf eine rituelle Weise die Möglichkeit des Abschieds zu geben?

Sicher hörst du es schon heraus, ich selbst mag keine Beerdigungen. Ich brauche so etwas nicht. Und doch kann es für die Hinterbliebenen, aber auch für den Verstorbenen manchmal sehr heilsam sein. So war es beispielsweise bei dem Arzt, von dem ich dir erzählt habe, der eines Tages tot zusammengebrochen war. Er war ein unfassbar hilfsbereiter Mensch, der sich so sehr für seine Arbeit und seine Patienten aufopferte, dass er fast kein Privatleben hatte. Es gab keine gesunde Balance in seinem Leben. Nun war er auf seiner eigenen Beerdigung und hörte sich dort die vielen würdigenden und wertschätzenden Reden auf sich selbst an. Es waren mehr als einhundert Trauergäste anwesend. Und dieser Arzt genoss es. Still lächelnd hörte er zu, was alles Gutes über ihn gesprochen wurde.

Wertschätzung und Anerkennung zu erfahren, das war immer sein Motor gewesen, der ihn letztlich wohl auch in diesen Tod getrieben hatte. Nun bekam er all diese Wertschätzung, hörte diese liebevollen und anerkennenden Worte von so vielen seiner Mitmenschen. Es war Balsam für seine Seele. Er konnte das unglaublich nährende Gefühl mit ins Licht nehmen, dass er geschätzt und geliebt wurde. Zu Lebzeiten hatte er diese Liebe und Zuneigung schwer annehmen können, denn in ihm war dieses alte Muster aus seiner Erziehung aktiv: »Um geliebt zu werden, muss ich sehr viel leisten.« Genau das kennen wir sicherlich alle – und das Beispiel dieses Mannes zeigt, dass wir einen gesünderen Umgang damit finden sollten.

Es ist wirklich ganz individuell, wie die Seelen zu ihrer Beerdigung stehen. Ich erinnere mich an einen weiteren Fall, wo eine Seele die Beerdigung sehr genossen hat. Es war eine liebe Bekannte von mir, die als Pfarrerin vielen Menschen Trost und Besinnung gegeben hatte. Es war eine extrovertierte, in vielen Bereichen äußerst engagierte Dame. Als sie ihren Tod näherkommen fühlte, erschien sie mir eines Tages als Seele und holte sich das Versprechen ab, dass ich ihr beim Übergang helfen würde. Und natürlich gab ich es ihr gern. Zwei Tage später starb sie. Ich nahm innerlich von ihr Abschied, habe bei mir zu Hause eine Kerze angezündet, ihr eine Lichtkugel geschickt, meine Liebe an sie gesandt und aus der Entfernung beobachtet, ob sie selbst bei ihrer Beerdigung sein würde. Und ob sie dabei war! Für sie war es ein Fest. Als Grande Dame stand sie mitten im Raum, direkt vor der Pfarrerin und vor den weiteren Rednern und schaute sie nach dem Motto an: »Lasst hören! Gebt euer Bestes! Gebt euch Mühe bei euren Reden über mich!« Es schien für sie kein Tag der Trauer zu sein, sondern es war ihre persönliche Feierlichkeit.

Ich denke, genau das trifft es. Für eine Seele, die so etwas mag und braucht, ist die Beerdigung ein Fest der Liebe und der Freude. Sie genießt es, dass es um sie geht, dass noch einmal über ihr Leben reflektiert wird und ihre Verwandten und Freunde mit Wertschätzung von ihr sprechen. Wenn wir das so sehen, können wir auch selbst einen ganz neuen Blick auf diese Veranstaltung mit dem schweren Namen Beerdigung werfen. Es geht nicht darum, an diesem Tag besonders traurig zu sein und besonders leidvoll auszusehen. Es geht um die Würdigung des gelebten Lebens und die Dankbarkeit für das, was wir gemeinsam mit diesem Menschen erfahren durften. Seiner Seele geht es gut, sie zieht weiter ins Licht, umgeben von ihren Engeln. Und wenn sie möchte, dann nimmt sie bei dieser Feier noch die Früchte mit, die sie über die letzten Jahrzehnte hat reifen lassen. So ist es auch eine Art Ernte, wenn die Seele dafür bewusst genug ist.

Diese ältere Dame sagte irgendwann in ihrer typischen Manier: »Okay, jetzt reicht es. Ich bin müde geworden.« Dann drehte sie sich um, sah ins Licht hinauf, guckte noch einmal zu mir und fragte: »Passt du auch gut auf mich auf, damit ich den richtigen

Weg finde?« Ich bejahte und begleitete sie mit einer weiteren Segnung auf ihrem Weg. Mit einem von Dankbarkeit erfüllten Herzen für jeden einzelnen Gedanken, für jedes liebe Wort ihrer Familie und ihrer Freunde stieg sie hinauf ins Licht. Ich war sehr dankbar für diese Erfahrung, die mir zeigte, dass eine Beerdigung nichts Schweres und Trauriges sein muss.

Einmal werde ich wohl auf jeden Fall noch zu einer Beerdigung gehen müssen – ich habe nämlich einem älteren Freund versprochen, auf seiner Beerdigung eine Rede zu halten. Wahrscheinlich wusste er nicht, wie schwer mir so etwas fällt. Doch ich spürte, dass es ihm wichtig ist – und wenn etwas wichtig ist, dann ist es auch wert, über den eigenen Schatten zu springen und für diesen Menschen etwas Gutes zu tun. Was mir besonders gefallen hat: Er möchte nicht, dass von Beerdigung gesprochen wird, sondern von »seinem Wiedersehensfest«. Was für eine schöne Schwingung!

Vielleicht wird das auch für mich noch einmal eine heilsame Umdeutung, was Beerdigungen angeht. Als Kind nämlich war ich sehr erstaunt, was ich nach dem Tod meiner geliebten Urgroßmutter erleben musste. Meine Familie war sehr zerstritten und diese alte Frau, die uns Enkelkindern immer sehr zugewandt war und die ich als sehr liebevoll und tröstlich erlebt hatte, wurde von den Erwachsenen nicht gut behandelt. Da gab es keine Liebe. Doch als dann alle auf dem Friedhof waren, setzte ein Geheule und Gejammere ein, als würde es ihnen das Herz zerreißen, diese alte Frau nun verloren zu haben. Was war das für ein Theater? Ich verstand es nicht, für mich war es bloße Heuchelei. Ich sah die Seele meiner Urgroßmutter neben ihrem Sarg stehen, wie sie die anderen anblickte und es ebenfalls als heuchlerisch empfand. Dann sah ich sie ins Licht gehen und wusste, dass eine Beerdigung der Seele selbst nichts bringt. Mittlerweile habe ich erkannt, dass das nicht so sein muss. Wenn sich die Hinterbliebenen von Herzen mit dem

Verstorbenen verbinden, dann kann es eine wundervolle Feier werden und ein Wiedersehensfest für die Seele, die sich danach auf den Weg ins Licht macht.

Natürlich dürfen wir trauern, natürlich dürfen wir weinen. Wenn es von Herzen geschieht, dann ist es auch heilsam. Es gehören verschiedene Phasen zur Trauer und für jeden Verstorbenen sowie für jeden Hinterbliebenen ist es ganz individuell.

Eine andere alte Frau aus meiner heutigen Familie brauchte gar keine Beerdigung. Wir haben für sie eine wirklich schöne Sterbebegleitung gestalten können. Ihr Körper wurde nach ihrem Tod verbrannt und die Asche unter einem Baum vergraben. So wollte sie es. Sie hat sich keine Gedanken um ihre sterblichen Überreste gemacht. Sie zog einfach weiter. So unterschiedlich ist das. Und alles hat seine Berechtigung.

Mich hat es oft verwundert, dass sich die meisten Menschen mehr Gedanken über die Beerdigung eines Verstorbenen machen als darüber, was mit seiner Seele passiert. Aus meiner Sicht hängt dies damit zusammen, dass wir in unserer Kultur so wenig über den Tod wissen und darüber hinaus mit unseren Gefühlen nicht gut umgehen können. Also stürzen wir uns lieber in Äußerlichkeiten und die Organisation der Beerdigung. Was aus meiner Sicht wirklich zählt, sind die Erinnerungen. Sie halten die Toten lebendig. Wenn ich eines Tages gehe, wünsche ich mir, dass ich meinen Mitmenschen in lichtvoller Erinnerung bleibe.

Exit und Suizid

Nicht immer ist das Sterben ein friedvoller Prozess am Ende eines langen erfüllten Lebens. Wir hatten bereits über Unfälle gesprochen und darüber, dass sich manche Menschen mit dem Abschied sehr schwertun. Wie aber steht es aus seelischer Sicht um Menschen, die sich nach dem Tod sehnen oder sich sogar selbst aktiv aus dem Leben verabschieden?

Diesseits und Jenseits sind keine Konkurrenten

Mit dem Intellekt ist bei den meisten Menschen heute eine Auffassung vom Tod entstanden, die es ihnen nicht nur schwer macht zu vertrauen, sondern die sie auch vieles auf eine nicht sehr heilsame Weise werten lässt. Beispielsweise werde ich manchmal gefragt, ob es in Ordnung sei, wenn sich ein schwer kranker Mensch wünscht, endlich sterben zu dürfen. Vielleicht ist er alt, all seine Freunde sind schon gestorben und es geht ihm einfach nicht mehr gut. Darf er sich dann auf den Tod freuen?

Natürlich darf er das! Warum sollte man sich auf den Tod, auf die Wiedergeburt im Jenseits nicht freuen dürfen? Das ist kein Verrat am Leben im Diesseits. Diesseits und Jenseits stehen nicht in Konkurrenz zueinander. Es sind zwei unterschiedliche Bewusstseinszustände, unterschiedliche Erfahrungsebenen, die beide von der gleichen Seele durchlebt werden.

In unserer Gesellschaft sind wir stark darauf ausgerichtet, alles in Richtig und Falsch einzuteilen. Das machen wir sogar beim

Thema Sterben. Natürlich geht es nicht darum, leichtfertig mit dem einen oder dem anderen umzugehen, mit dem Leben oder mit dem Tod. Doch wenn wir allein unserem Kopf das Ruder überlassen oder außenstehenden Institutionen, dann wird alles kompliziert, anstrengend und auch nicht mehr im Sinne dessen, wie es wirklich ist.

Ja, wir dürfen uns auf den Tod freuen, auf das Jenseits und auf eine neue Inkarnation. Allerdings ist es wichtig zu wissen, dass wir uns selbst immer mitnehmen. Uns selbst entkommen wir nicht. Ich habe schon so viele Seelen Verstorbener getroffen, die genauso stur oder weich, ängstlich oder mutig, verbittert oder freudig waren wie als Mensch zu Lebzeiten in der physischen Dimension. Wenn wir über die Schwelle ins Jenseits gehen, dann tun wir das als die Individuen, die wir sind. Wir gehen mit genau den Emotionen, die uns im letzten Atemzug begleitet haben. So nehmen wir auch die damit verbundenen Lebensaufgaben mit. Wir können sie nicht wie einen Koffer im letzten Leben stehen lassen. Wenn man in Dankbarkeit und Wertschätzung die Augen schließt und sagt: »Ich hatte ein langes, erfülltes Leben und jetzt ist es auch gut, ich möchte nicht länger auf die Hilfe anderer angewiesen sein«, dann kann man erfüllt gehen, trotz aller Gebrechlichkeit und aller Schmerzen, die der Körper vielleicht in der letzten Zeit hatte. Das Gefühl von Dankbarkeit und Erfülltsein schwingt dann weiter mit, wenn die Seele in die geistigen Welten hineingeht. Und mit genau diesen Gefühlen gestaltet man dann auch seinen Seelenplan weiter.

Die Realität entsteht aus unseren Gefühlen und nicht aus unseren Vorstellungen heraus. Auch nicht, wenn diese Vorstellungen von Millionen anderen Menschen mitgetragen werden. Aus meiner Sicht geht es daher auch nicht um diese christliche Idee, dass nach dem Tod alles besser wird, wenn wir hier genug gelitten haben. Oder um die buddhistische Vorstellung, dass wir angestrengt unser Karma abtragen müssen – zumindest nicht so, wie dies heute oft verstanden wird. Solche Ideen können uns blockieren und auf eine ganz falsche Fährte locken. Aus meiner Erfahrung ist unser emotionales Erleben entscheidend. Leben und sterben wir in Dankbarkeit und Wertschätzung, dann wird das alles Weitere prägen. Die Energie folgt unserer emotionalen Realität. Wir sind untrennbar mit dem Kosmos, mit der Lebensenergie, mit der göttlichen Fülle, mit der Schöpferkraft verbunden – über unser Fühlen und Empfinden.

Ganz gleich, wie stur du dich als einen Sünder siehst, wie stur du dir einen strafenden Gott vorstellen magst, der darüber entscheidet, ob du genügend Sünde oder Karma abgetragen und im nächsten Leben ein besseres Los verdient hast – es wird nichts dergleichen geschehen, denn das Göttliche, das ist in dir selbst. Was du dir selbst gegenüber empfindest, das erschafft deine Realität. Selbstliebe und Selbstvergebung sind unsere große Eigenverantwortung. Die Kraft dessen, wie wir mit uns auf emotionaler Ebene sind, tragen wir hinaus in die Welt, in unsere Beziehungen, zu unseren Kindern und Partnern, in unseren Beruf und in jede Begegnung. Sie spiegeln unser innerstes Ich wider.

Exit – Wenn schwer kranke Menschen den Tod wählen

Wir berühren hier auch gleich ein weiteres Thema, um das sich sehr viele Menschen sorgen. Darf man den Tod nicht nur willkommen heißen, sondern sein Leben sogar freiwillig und bewusst verlassen? Darf man den Exit wählen? In der Schweiz beispielsweise ist es erlaubt, sich eine bestimmte Form der aktiven Sterbehilfe geben zu lassen, wenn man unheilbar krank ist und statt Leben nur noch Leiden übrig ist. Ich habe, auch für mich selbst, viel darüber nachgedacht, was das bedeutet, und immer wieder kann ich nur sagen: Unbedingt möchte ich selbst über mein Leben und über mein Sterben entscheiden können. Das möchte und das kann ich keinem anderen Menschen überlassen. Es steckt doch eine unglaubliche Größe und sehr viel Verantwortungsbewusstsein darin, dass jemand, der so viel leidet, bewusst diesen Weg wählt.

In einem Seminar habe ich einmal die Seele eines Mannes wahrgenommen, den eine Teilnehmerin als ihren Lieblingsonkel beschrieben hat. Er war unheilbar an Krebs erkrankt und hatte dann den Exit gewählt, sich also bewusst für den Tod entschieden. Fürsorglich hatte er sich von seiner Familie verabschiedet und alles geregelt, was in diesem Leben noch offen war. Und obwohl die Teilnehmerin ihn liebte, sie eine sehr gute Beziehung zueinander hatten und sie auch gespürt hatte, dass dieser Weg für ihn richtig ist, plagten sie doch einige Zweifel. War es denn richtig – und erlaubt –, in eigener Regie aus dem Leben zu gehen?

Ich schaute nach ihm und entdeckte ihn in der ersten oberen Astralebene, leuchtend wie ein Engel. Er hatte begriffen, dass diese eine Reise zu Ende gegangen war und eine neue beginnen wollte. Er war positiv und optimistisch und stand in einem Lichtstrahl, um seiner Nichte eine Botschaft zu übergeben. Auf die Frage, ob es ihm gut gehe, sagte er: »Es wurde einfach Zeit, ins Licht zu gehen.« So viel Entlastung lag in dieser Antwort, so viel Wohlgefühl. Da war keine Spur von Hadern, weder mit dem Leben noch mit dem Sterben, mit der Krankheit, den Hinterbliebenen oder den Engeln. Es war einfach nur pure Stimmigkeit. »Es wurde einfach Zeit, ins Licht zu gehen.«

Ich möchte den Menschen immer wieder Mut machen, ihr Leben ganz in ihre Hände zu nehmen und sich von keiner äußeren Autorität einreden zu lassen, was für sie richtig ist, weder im Leben noch im Sterben. Die meisten von uns sind es so wenig gewohnt, für sich selbst zu entscheiden. Sie schauen, was der Pfarrer oder die Pfarrerin meint, der Politiker, die Politikerin, der Arzt, die Ärztin, die Nachbarn oder der Ehemann, die Ehefrau. Selbstwürde ist für mich, dass ich mir erlaube zu spüren, was gut für mich ist. Darin liegt auch die größte Freiheit.

In der geistigen Welt geht es nicht um Richtig oder Falsch, sondern nur darum: Geschieht es in Liebe? Für dein Seelenbewusstsein geht es nur darum. Wissen, ob du in der Liebe bist, kannst du nur über dein Fühlen.

Die Selbstwahrnehmung ist hier ganz entscheidend. Wann immer du auf irgendeine Weise in deinem Leben mit Tod und Sterben in Berührung kommst – sei es in der Trauer um einen geliebten Menschen, in der Begleitung von jemandem, der stirbt, oder in Bezug auf dein eigenes Sterben –, immer ist es die Liebe, mit der du hilfreich für dich selbst und für andere bist. Und alles, was du anderen an Gutem tust, kommt in zigfacher Weise zu dir zurück. Was aber wirklich das Gute ist, das du in der Welt mehren willst, das kannst du nur erfassen, wenn du in deiner Selbstwahrnehmung geübt bist. Ich möchte dir daher eine meditative Übung dazu anbieten.

Die Selbstwahrnehmung schulen

Setz dich bequem hin und erlaube dir, deine Außenwelt mit einem Lächeln wahrzunehmen. Lächle diese irdische Erfahrung an und spüre die Dankbarkeit in dir.

Schließ dann deine Augen und schenk auch deinem Körper ein Lächeln. Spüre deine Dankbarkeit ihm gegenüber. Ganz gleich, wie dein Körper ist, er leistet Großes. Sag ihm jetzt einmal ganz bewusst Danke. Das Wort »danke« ist das kürzeste Gebet, das es gibt. Fünf Buchstaben und sie können dein ganzes Universum verwandeln.

Während du die Dankbarkeit in deinem Herzen fühlst, leg deine Hände auf deinen Bauchraum und spüre deine Dankbarkeit für deine warmen Hände und für dein Bäuchlein, wie auch immer es jetzt sein mag. Hier wohnt dein emotionales Gehirn. Vertiefe dich hinein in diese Selbstwahrnehmung voller Dankbarkeit und spüre, wie sich dein Bauch beim Atmen bewegt. Sage dir: »Ich danke fürs Einatmen … Ich danke fürs Ausatmen.«

Lass nun allmählich in dir, fast wie eine Melodie, den Satz erklingen:

»Ich danke für das Leben, das durch mich fließt.«

Spüre einfach weiterhin diese Dankbarkeit. Wenn dir dein Verstand irgendwelche Gedanken schickt und anfängt, dir Geschichten zu erzählen, dann lächle ihm einfach zu. Denk beim Einatmen: »Danke.« Und beim Ausatmen: »Danke.«

Vielleicht beginnt sich dein Körper mit seinen Bedürfnissen zu melden. Dann lächelst du auch ihm zu und sagst einfach: »Danke.«

Spürst du auch deine Seele, die dich daran erinnert, dass diese Dankbarkeit für dich als Kind etwas ganz Natürliches war? Vielleicht siehst du ein Bild deiner Kindheit vor dir, wie du auf einer grünen saftigen Wiese liegst und in die Wolken schaust – und dieses große »Danke« ist bei dir. Dankbarkeit ist eine ganz natürliche Religion. Liebe und Dankbarkeit.

Du siehst die Wolken vorbeiziehen und sich in immer neue Gestalten verwandeln. In eine Blume vielleicht, einen Engel oder einen Elefanten. Und du spürst, du bist ein Teil dieses riesigen Universums. Du bist in diesem Kosmos und er ist in dir. Und so nimmst du wahr, wie die Sonne dein Herz erwärmt, deine Haut liebkost und du dich immer mehr nach innen zu dir selbst öffnest. Von dort aus darf sich deine ganze emotionale Gefühlsvielfalt entfalten – wie eine Bibliothek voller Bücher, die kein intellektuelles Wissen, sondern emotionales Wissen enthalten.

Du spürst hinein in dieses Zentrum deiner Gefühle und vielleicht überfordern sie dich zunächst auch, jetzt, wo du mit den großen Themen von Leben und Sterben befasst bist. Atme tief ein und aus und fokussiere dich weiter auf dein Gefühl der Dankbarkeit. Alles in dir darf allmählich zur Ruhe kommen. Erlaube dir, allen Kummer loszulassen und dich voller Hingabe in die Dankbarkeit hineinfallen zu lassen. Wisse, du kannst nie tiefer fallen als in Gottes Hände. Es gibt eine höhere Kraft, mit der deine Seele immer verbunden ist.

Atme noch, solange du möchtest, in dieser tiefen Ruhe und Getragenheit ein und aus und kehre dann mit den Gefühlen der Liebe und der Dankbarkeit in dein Alltagsbewusstsein zurück. In dem liebevollen Bewusstsein, dass alles in Ordnung ist. Dass du dich immer eingebettet fühlen kannst in diese größere Kraft, die in dir ist und um dich herum. Beschützt und getragen. Dein Atem, deine Dankbarkeit und deine Liebe tragen dich durch alles hindurch.

Du weißt, es gibt einen Satz, den du zu deinem Leitfaden werden lassen kannst: »Im liebevollen Bewusstsein ist alles in Ordnung.« Was auch immer auftaucht in dir oder in deinem Leben:

»Im liebevollen Bewusstsein ist alles in Ordnung.«

Suizid – Wir nehmen uns immer mit, auch in den Tod

Wenn ich sage, dass ich diesen Onkel, der sich sterbenskrank für einen Exit entschieden hat, sehr gut verstehen kann, heißt das nicht, dass ich Suizid gutheißen würde. Wenn ein Mensch in großer Not friedvoll aus dem Leben geht und sich ganz bewusst dafür entscheidet, dann hat das ein vollkommen anderes Bewusstsein, als wenn sich jemand im Affekt das Leben nimmt oder wie ein Selbstmordattentäter noch viele andere mitreißt. Das hat etwas höchst Aggressives und Kriegerisches. Viele depressive Menschen nehmen sich letztlich darum nicht das Leben, weil sie intuitiv wissen, dass sie ihre Hausaufgaben dann einfach auf der anderen Seite erledigen müssen. Wir können nicht weglaufen. Wir müssen unsere Gefühle durchleben und unsere Aufgaben erfüllen. Das aber geht in einem Körper fast immer sehr viel einfacher. Depressive Menschen werden diese Niedergeschlagenheit und Traurigkeit auch im Jenseits bei sich haben, bis sie sich davon erlösen können. Jemand, der sich voller Hass im Affekt tötet, wird auf der anderen Seite auch nicht so schnell zu seinem lichtvollen Frieden finden können. Uns selbst nehmen wir immer mit.

Unsere Schicksale und Befindlichkeiten sind sehr individuell und wir können nur versuchen, andere zu verstehen. Verurteilen müssen wir niemanden. Wie also steht es aus seelischer Sicht um diejenigen, die selbst ihr Leben beenden? Im christlichen Glauben ist Suizid einfach verboten. Er gilt als eine der schlimmsten Sünden – keine weitere Diskussion. Natürlich möchte auch ich Selbstmord nicht gutheißen in dem Sinne, dass ich ihn willkommen heiße. Aber es geht ja darum, sich zu fragen, wie man helfen kann. Ein striktes Verbot, belegt mit Höllenstrafen, kann niemals hilfreich sein. Im Spirituellen gibt es kein Gut oder Schlecht. Der freie

Wille wird akzeptiert und so wird ein Mensch, der sich selbst das Leben nimmt, nicht verurteilt. Er hatte seine Gründe und selbst wenn der Suizid im Affekt geschehen ist, konnte dieser Mensch offenbar nicht anders handeln und das hat seine Vorgeschichte.

Kann man einen Suizid mit seinem Seelenplan zusammenbringen? Meiner Meinung nach nicht. Meine Erfahrung ist, dass die Zukunft nicht feststeht. Es gibt einen roten Faden, der den Seelenplan markiert, aber die Zukunft entsteht aus der Gegenwart heraus. Wenn es einen starren Plan gäbe, dann wären wir nichts als Marionetten. So dürfen wir die Idee eines Seelenplans auch nicht dafür benutzen, uns aus der Verantwortung zu stehlen. Wir selbst sind für unser Schicksal verantwortlich und können jederzeit die Richtung ändern, in die wir gehen. Solange sich eine Seele weiterentwickeln kann, wird sie versuchen, jede Möglichkeit dafür zu nutzen. So ist unser Seelenplan einfach unser Weg zur Liebe. Wie wir ihn beschreiten, das entscheiden wir in jedem Augenblick neu. Und wenn der Seelenplan unser Weg zur allumfassenden Liebe ist, wie könnte uns dann ein Suizid dabei unterstützen? Was könnte unkreativer und grausamer sein? Es ist ein Herausgerissen-Sein aus dem Leben aus einer großen Not, nicht aus einem seelenvollen Plan heraus.

Mich erreichen zum Thema Suizid sehr viele Fragen und das ist auch kein Wunder, denn der Schmerz ist in so einem Fall natürlich besonders groß, nicht nur bei der Seele selbst, sondern auch bei den Hinterbliebenen. Es ist schmerzhaft genug, einen lieben Menschen zu verlieren, doch wenn er sich selbst das Leben genommen hat, quälen die Angehörigen unendlich viele Fragen. »Warum ist es passiert? Hätten wir es verhindern müssen, hätten wir es verhindern können? Sind wir schuld? Hätten wir es merken müssen, dass dieser Mensch derartig unglücklich ist? Geht es der Seele gut oder wird sie von Gott bestraft, wie es im christlichen Glauben heißt?

Oder leidet dieser Mensch, weil er sich der Möglichkeit entzogen hat, auf der Erde durch sein Leid weiterhin Karma abzubauen?«

Solche Fragen entstehen, weil die Menschen nur sehr wenig über die geistigen Welten wissen und sich eher von religiösen oder auch esoterischen Dogmen leiten lassen. Menschen wie ich, die wirklich Erfahrungen mit den jenseitigen Welten gemacht haben, erzählen davon, dass Liebe die wesentliche Schwingung ist. Sehr viele Menschen mit Nahtoderfahrungen berichten ebenfalls genau davon. Wenn wir diese liebevolle göttliche Instanz bewusst in uns spüren, dann überwiegt die Liebe in unserem Herzen, sodass wir auch überfordernde Gefühle annehmen, durchleben und transformieren können, statt sie zu erleiden. Dann macht uns das Leben in all seinen Wendungen auch nicht krank, verbittert oder ungnädig. Und dann haben wir auch nicht diese Vorstellung, dass die Erde ein Jammertal sei, alle Menschen Sünder sind oder dass wir hier leidvoll Karma abtragen müssen, bis zum bitteren Ende. Letztlich geht es darum, dass wir lernen, mit unseren Gefühlen umzugehen. Darin liegt die spirituelle Weiterentwicklung. Auf diese Weise kommen wir nämlich ganz von selbst auf die Liebe und auf die Rückbesinnung auf das Göttliche – was ja die eigentliche Bedeutung von Religion ist.

Natürlich können uns im Leben herausfordernde Dinge passieren. Sehr herausfordernde Dinge sogar. Doch statt dass wir dann nach der Schuld fragen oder anderen erklären, dass sie jetzt Karma abarbeiten müssen, können wir unseren Blick auf die emotionale Seite lenken. Es gilt, die Emotionen zu durchleben und zu durchlichten, bis wir ganz in der Liebe sind. Deswegen kann es einzig sinnvoll sein, uns selbst und andere darin zu unterstützen, die Liebe als Mittelpunkt des Lebens anzunehmen. Wenn wir das verstanden haben, dann sind wir auch in diesem liebevollen Bewusstsein, wenn wir mit einem Suizid konfrontiert werden. Wozu sollen wir hier mit Karma und Schuld argumentieren? Das macht uns und anderen nur Angst und vermehrt das Leid. Im liebevollen Bewusstsein können wir die auftauchenden Emotionen fühlen und es damit auch dieser Seele ein wenig leichter machen.

Wie ist es nun aber, wenn sich jemand in seiner Depressivität das Leben genommen hat? Bleibt die Seele dann in dieser niedergeschlagenen Stimmung? Wir haben einen freien Willen, in den die geistige Welt und die Engel niemals eingreifen würden. Denn sonst wäre es kein freier Wille und es gäbe auch keine Möglichkeit zur Bewusstseinsentwicklung. Kommt jemand nach einem leidvollen Suizid im Jenseits an, dann werden ihm die Engel genauso die Hand reichen wie jeder anderen Seele auch. Doch immer gilt: Die Seele muss bereit sein, die helfende Hand auch anzunehmen. Das erfordert Stärke und Demut. Es erfordert die Bereitschaft, Hilfe anzunehmen. Die Engel sind da, aber wenn sich die Seele dieses Menschen unwert fühlt, als beschmutzt empfindet, blind ist vor Trauer oder Wut, dann wird sie diese feinen Schwingungen nicht bemerken und nicht annehmen können. Genau hier finden wir den Ursprung des Wortes »Engelsgeduld«. Die Engel lassen keine Seele im Stich. Und sie haben viel Zeit, sehr viel Zeit, ihre Unterstützung immer und immer wieder anzubieten, bis die Seele sie endlich bemerkt und annimmt. Das ist bei uns Lebenden genauso wie bei den Toten. Wir bemerken die unendlich reiche Unterstützung, die jederzeit für uns da ist, oder wir bemerken sie eben nicht.

Auch die Hinterbliebenen brauchen diese Unterstützung. Der Tod hat ein Loch in ihr Leben gerissen, das sie allmählich wieder füllen müssen. Doch bevor es sich mit liebevollen Erinnerungen füllen kann, mit Dankbarkeit und Freude über die gemeinsame Zeit, die man hatte, sind da diese schmerzhaften Fragen und die Trauer über den Verlust. Da sind all diese Schuldgefühle, ob man diesen Tod nicht hätte verhindern können. Hier helfen auch keine gut gemeinten Worte und nicht einmal Verständnis. Denn jemand, der so etwas nicht selbst erlebt hat, kann es nicht verstehen. Er kann nicht nachempfinden, was es bedeutet, den Vater, die Mutter, den Bruder oder die Schwester, das eigene Kind durch einen Suizid verloren zu haben. Nur das Spüren der allumfassenden göttlichen Liebe kann hier allmählich Vertrauen und Heilung hineinbringen.

Mitleid braucht niemand. Aber es ist das Mitgefühl, das guttut und helfen kann. Das Schweigen miteinander, vielleicht das Lesen in einem Buch von jemandem, der eigene Verlusterfahrungen gemacht hat – gern meine Bücher oder die von Barbara Pachl-Eberhart, die ihren Mann und ihre beiden Kinder bei einem Unfall verloren hat und sehr berührend über ihren inneren Prozess danach schreibt. Es kann entscheidend sein, einfach da zu sein und zu zeigen, dass man an den Trauernden ebenso wie an den Verstorbenen denkt.

In der Zeit, als ich noch Einzelberatungen angeboten habe, besuchte mich eine Mutter mit ihrer Tochter im Teenageralter. Der Vater dieses Mädchens hatte sich schwer depressiv das Leben genommen und sie hatte daraufhin begonnen, sich selbst zu verletzen. Die Mutter und das Mädchen kamen zu mir und mir fiel auf, wie erwachsen sie schon aussah. Sie trug richtiggehend die Last der Welt auf ihren schmalen Schultern.

Die Tochter bat darum, mit mir allein sprechen zu dürfen. Doch auch als die Mutter weg war, sagte sie nichts. Sie saß einfach in ihrer unglaublichen Schwere vor mir, in sich zusammengesunken. Als ich mir ihre Aura anschaute, sah ich die Seele ihres verstorbenen Vaters darin. Er war nicht nur bei ihr, er war regelrecht in ihr. Er besetzte sie. Da war überhaupt kein Abstand und von ihrer Seite aus keine Abgrenzung. Sie spürte natürlich seine Depression und auch seinen Schock, denn er hatte den Suizid im Affekt begangen.

Es war keine bewusste Handlung gewesen und er schämte sich sehr dafür. Obendrein hatte sie auch noch seine Schuldgefühle zu ertragen. Für einen Teenager war das der blanke Horror. All diese Emotionen des Vaters kamen zu ihrer eigenen Trauer hinzu.

»Du weißt, dass dein Vater da ist?«, fragte ich und sie nickte.

Ich sprach weiter: »Dein Vater will, dass du weißt, dass es ihm leidtut. Es war ein Affekt aus seiner Erkrankung heraus, er wollte es eigentlich nicht. Er wollte weder dich noch die Familie verlassen.«

An dieser Stelle brach das Mädchen in Tränen aus. Eine solche Aussprache ist das Wichtigste für einen Menschen. Zu wissen, dass er geliebt ist und dass es nicht an ihm liegt, dass der andere gegangen ist, kann für seinen weiteren Weg maßgeblich sein. In diesem Fall war es die Krankheit des Vaters und keine persönliche Ablehnung. Das zu verstehen, machte es schon ein wenig leichter für das Mädchen und ließ die umfassende Liebe schon ein wenig durchscheinen. Ich konnte tatsächlich sehen, wie ihr Vater auf die Knie ging und sie um Vergebung bat. In ihren jungen Jahren musste sie schon die Würde, die Größe und die Gnade aufbringen, ihrem Vater zu vergeben. Gemeinsam sprachen wir ein Vergebungsgebet und ich sah, wie auch er dabei weinte. Zum Abschluss sagte sie noch einmal ganz bewusst und deutlich: »Ich vergebe dir.«

Dann zeigten wir ihm das Licht, in das er schauen sollte. Nicht mehr seiner Depression folgend nach unten, sondern nach oben ins Licht, in die Hoffnung und die Zuversicht. Eine dunkle Wolke fiel von ihm ab, seine Glaubenssätze verabschiedeten sich von ihm und er konnte ins Licht gehen.

Das Mädchen beruhigte sich und ging, ohne etwas zu sagen. Monate später traf ich die Mutter wieder und sie sagte mir: »Ich weiß nicht, was Sie gemacht haben, sie hat mir nichts erzählt. Aber seitdem ritzt sie sich nicht mehr und geht wieder zur Schule.«

Das alles bedeutet nicht, dass diese Erfahrung keine Spuren in dem Mädchen hinterlassen wird. Wir alle haben sichtbare und nicht sichtbare Wunden und Narben. Natürlich wird sie dieser Verlust verändern. Aber das tiefere Verständnis und die Vergebung, die möglich wurden, haben ihr zu einer großen Bewusstseinserweiterung verholfen und ihr die nötige Kraft für das weitere Leben gegeben. Unbewusst hat es sicher auch ihrer jüngeren Schwester geholfen, dieses familiäre Schicksal mit etwas mehr Leichtigkeit tragen zu können.

Das Vergebungsgebet, das ich mit diesem jungen Mädchen gesprochen habe, hast du in diesem Buch schon kennengelernt. Ich möchte es dir immer wieder ans Herz legen, denn ich weiß, wie vielen Menschen es schon in den unterschiedlichsten Situationen geholfen hat. Nutze es – nutze alles, was du hier erfährst. Wenn wir herausfordernde Situationen zu meistern haben oder auch, wenn wir von den unterschiedlichsten Informationen und Nachrichten aus der Balance zu geraten drohen, dann ist dieses Gebet sehr hilfreich. Ich kenne nicht wenige Menschen, die es jeden Abend vor dem Einschlafen sprechen. Eine frühere Seminarteilnehmerin beispielsweise erzählte mir davon und sagte, dass es immer hell wird, wenn sie es spricht. Sie weiß nicht, warum, aber es wird Licht. Was könnte besser sein, wenn wir selbst oder ein trauernder Mensch oder eine Seele Unterstützung brauchen?

»Ich vergebe dir für das, was du getan hast, bewusst und unbewusst. Ich bitte dich, mir zu vergeben für das, was ich getan habe, bewusst und unbewusst. Ich bitte alle Menschen, dir zu vergeben für das, was du getan hast, bewusst und unbewusst. Ich bitte dich, allen Menschen zu vergeben für das, was sie getan haben, bewusst und unbewusst. Ich vergebe allen Menschen für das, was sie getan haben, bewusst und unbewusst. Ich bitte alle Menschen, mir zu vergeben für das, was ich getan habe, bewusst und unbewusst. Ich bitte die göttliche Kraft darum, dass wir die Kraft der Vergebung in unseren Herzen spüren. Und ich vergebe mir selbst für das, was ich getan habe, bewusst und unbewusst. Versöhnung und Erlösung liegen in mir.«

Du kannst dieses Gebet immer wieder sprechen. Auch am Sterbebett eines Menschen. Vielleicht passt es nicht, es laut aufzusagen, dann tu es leise und innerlich. Und auch, wenn derjenige dich scheinbar nicht mehr hören kann, die Seele hört dich immer. Sie betet mit und die Engel unterstützen euch in dieser Schwingung zusätzlich, denn Gebete werden immer durch sie weitergegeben, verstärkt und beantwortet.

Wir können so oft nicht alles im Leben miteinander klären. Doch in einem solchen Gebet kann sich altes Ungelöstes verabschieden und einer umfassenden Liebe voller Verständnis und Mitgefühl Platz machen. Es geht auch gar nicht um die einzelnen Worte des Gebets, sondern um dein offenes Herz und um das Gefühl der Liebe und der Berührtheit, die beim Beten mitschwingen. Ich liebe es, dabei die Hände ganz klassisch zusammenzulegen, dann strömen bereits die kosmischen Energien, ohne dass ich noch etwas tun muss. Aber natürlich kannst du auch mit offenen Händen beten, ganz wie es sich für dich gut anfühlt.

Wichtig ist zugleich auch, sich immer wieder ganz bewusst auf das Irdische zu beziehen und sich hier auf der Erde zu verankern, gerade wenn du in einer Lebensphase sehr viel mit dem Jenseits und den Seelen zu tun hast. So kannst du nach einem Gebet oder einer Heilarbeit ganz bewusst tief atmen, die Liebe zu dir selbst spüren und Kontakt zum Boden unter deinen Füßen aufnehmen. Wir brauchen immer wieder auch eine Abgrenzung zum Jenseits.

Denn unser Weg ist hier, wo unsere Füße sind, auf dieser wunderbaren Mutter Erde. Wir brauchen uns nicht zu beeilen, um ganz früh ein Engel zu werden. Menschsein ist auch wunderschön. Spüre also immer wieder ganz bewusst dein Menschsein, mit all dem Unperfekten, aber auch mit dem Vollkommenen, mit der Liebe in dir, der Liebe zu dir selbst und der Liebe zum Leben.

Um noch einmal auf dieses junge Mädchen zurückzukommen: Das Allerwichtigste für Kinder und Jugendliche, die ein Elternteil durch Suizid verloren haben, ist, ihnen dabei zu helfen, nicht die Schwere ihrer Eltern zu übernehmen. Sie sind nicht zuständig für deren Entscheidungen oder Handlungen. Es ist absolut wichtig, dass so ein Kind wirklich begreift, dass es nicht seine Schuld ist. Es gibt diese unterbewusste Reaktion der Kinder, sich für ihre Eltern schuldig zu fühlen – und genau das muss aufgelöst werden.

Außerdem ist es für sie wichtig, vonseiten des hinterbliebenen Elternteils Sicherheit und Geborgenheit vermittelt zu bekommen. Das ist natürlich nicht immer leicht, denn Mutter oder Vater sind in solchen Fällen ebenfalls geschockt und in Trauer. Doch für ihre Kinder müssen sie diese Stärke aufbringen. Es stimmt wirklich, dass unsere Kinder immer so glücklich sind, wie wir es sind. Deswegen dürfen wir uns als Eltern keine große Schwäche leisten, so hart das klingt. Man kann Kindern nichts vormachen.

Das bedeutet natürlich nicht, dass eine Mutter nicht trauern darf und nicht auch mal schwach sein kann. Doch sie muss alles dafür tun, wieder auf die Füße zu kommen, wieder aufzustehen und sich lösungsorientiert weiterzuentwickeln. Damit zeigt sie nicht zuletzt dem Kind, dass Krisen zum Leben dazugehören und man sie bewältigen und stärker daraus hervorgehen kann. So verleiht man der schmerzvollen Situation nachträglich noch einen bedeutsamen Sinn. Man kann aus dem Schweren etwas Gutes schaffen, auch wenn das unwidersprochen in so einem Fall eine sehr große Aufgabe ist.

Tod von Kindern und Ungeborenen

Auch dieses Kapitel ist emotional herausfordernd – als Mutter fühle ich intensiv mit allen Eltern, die ein Kind verloren haben. Hier die seelische Sicht mit hineinzubringen ist umso wertvoller, kann es doch ein wenig Entlastung schaffen.

Nach einem meiner allerersten Vorträge zum Thema Jenseits kam eine Mutter zu mir, die mir weinend erzählte, dass sie nun verstanden hätte, dass sie ihren vor vier Jahren verstorbenen siebenjährigen Sohn loslassen müsse. Sie spürte diese Bereitschaft und bat mich um Hilfe. Sie wollte zunächst wissen, ob es stimmen würde, dass ihr Sohn noch bei ihr sei. Ich schaute sie mir genau an und sah tatsächlich die Seele des Jungen an ihrer Seite. Er wirkte klar und rein wie ein Engel, ich hätte ihn beinahe mit einem solchen verwechselt und musste mehrmals hinschauen. Er berührte die Schulter seiner Mutter und sagte, dass er so lange hiergeblieben sei, weil sie es für ihre Trauerarbeit gebraucht hatte. Weil sie nun bereit für das Loslassen sei, könne er gehen.

Ich sprach mit der Mutter gemeinsam das Vergebungsgebet und wir zeigten der Seele den Weg ins Licht. Eigentlich war das gar nicht nötig, denn der Junge war in enger Verbindung mit seinem Schutzengel und wusste genau, wohin er gehört. So schaute er nach oben und es zog ihn schnell durch alle oberen Astralebenen hindurch ins höchste Licht. Ich spürte eine derartig paradiesische Stille und einen Frieden, dass es mich fast schon ängstigte. Ich erlebte so etwas damals zum ersten Mal und es war einfach sehr ungewohnt und außergewöhnlich. Ich hatte das Gefühl, als würde ich mich auflösen – und das wollte ich natürlich nicht. Es eröffnete sich ein Blick auf ein paradiesisches Licht, in dem die Engel in ihrer reinsten Form mit den Seelen, die bereits auf dieser Ebene weilten, spürbar wurden. Ich begriff in diesem Moment, dass Paradies kein Ort ist, sondern ein Zustand, ein Bewusstseinszustand des vollkommenen Friedens. Dieser Junge war in genau diesem vollkommenen Frieden und absolut einverstanden mit der Situation. Warum das so war und warum er so früh aus dem Leben geschieden war, das weiß nur seine Seele.

Ich brauchte eine Weile, um mich aus dieser unfassbar hohen Ebene wieder in den Alltag herunterzuschwingen und das Gespräch mit der Mutter fortzusetzen. Sie trocknete ihre Tränen und sagte: »Jetzt ist es gut.« Auch das kann niemand von außen beurteilen. Es war einzig und allein ihr tiefes Verständnis, das andere nur respektieren können. Die Frau hatte wieder Farbe im Gesicht und schien mir nicht mehr unter ihrer Trauer begraben. Ein Rest von Trauer wird sicherlich immer da sein. Doch sie konnte nun mit ihrem Leben fortfahren.

Für mich war es eines der ersten Male, dass ich verstorbene Kinder im Jenseits erlebte. Was dieser Junge ausgestrahlt hatte, stand in einem großen Kontrast zu dem Drama, das wir auf der Erde empfinden, wenn ein Kind stirbt. Doch wir können nie wissen, welche Art von Erfahrungen eine Seele braucht und durch welchen Wandlungsprozess sie hindurchgeht, um sich weiterzuentwickeln. Das Beispiel dieses Jungen hat mir damals sehr viel Kraft für meinen weiteren Weg als Autorin und Veranstalterin von Seminaren zum Thema Jenseits gegeben. Es hat meinen Horizont sehr erweitert.

Eine andere Mutter kam in höchster Not zu mir, nachdem ihre sechzehnjährige Tochter erst kurz zuvor tödlich verunglückt war.

Die ganze Familie drohte daran zu zerbrechen und die Frau machte sich Vorwürfe, ob sie etwas falsch gemacht und diesen Tod karmisch verdient habe. Mich schockierte diese Aussage. Aus meiner Sicht ist es ein furchtbarer Irrglaube zu denken, man könne sich so etwas durch üble Taten verdient haben. So viele Dinge passieren einfach. Menschen fahren zu schnell Auto, Menschen sind unachtsam im Straßenverkehr. Und manchmal hat es schwerwiegende Folgen.

Ich schaute nach dem Mädchen und sah, dass es in der Astralwelt wie in einer Art Nebenraum saß. Es hatte noch nicht realisiert, was passiert war, da es so schnell gegangen war. Ich erzählte ihr vorsichtig von dem Unfall und sagte, dass ihre ganze Schulklasse für sie betet. Sie wirkte irritiert und als sie dann ihre trauernden Eltern sah, wurde sie ungeheuer wütend. Ich erklärte ihr, dass die Engel jetzt quasi ihre Eltern seien und auf sie achtgeben würden. Doch sie weigerte sich, das anzunehmen. Sie war sauer auf das Schicksal. Für mich zeigte das ganz deutlich, dass der Tod auch hier nicht im Seelenplan gestanden hatte und die Mutter selbstverständlich keinerlei Schuld trug. Es ging hier nicht um Karma. Aus der seelischen Ebene hätte die Tochter das gewusst, doch sie war einfach nur empört und schockiert, dass das Leben so plötzlich eine solche Wendung genommen hatte.

Ich fragte ihren Schutzengel, was wir tun könnten. Auf seinen Rat hin sagte ich dem jungen Mädchen, dass sie jetzt bei ihrer himmlischen Familie in den Astralwelten sei, aber den Bezug zu ihrer irdischen Familie behalten könne. Als Beobachterin könne sie so viele Jahre, wie sie wollte, die Geschicke ihrer Familie miterleben. Das war für sie eine gute Abmachung und so konnte sie mit den Engeln ins Licht gehen und von dort aus immer auch ein Auge auf ihre Familie haben. Noch eine Zeit lang sah ich ihre Mutter regelmäßig und immer wieder erhielt sie auch eine Botschaft von ihrer Tochter, die sie bei der Trauerarbeit enorm unterstützte.

Sie konnte ihre Schuldgefühle loslassen und alle in der Familie hatten die Möglichkeit, ihre Trauer auf ihre Weise zu durchleben. Für mich steht seither umso mehr fest: Alles, was uns keine Hoffnung gibt, entspricht nicht der Wahrheit. Alles, was uns keine Hoffnung gibt, basiert auf irgendeinem gedanklichen Irrtum.

Wer trägt die Verantwortung?

Es können Katastrophen und Dramen geschehen, bei denen wir wirklich an einen Sinn der Existenz und an der Existenz der liebevollen geistigen Welt zweifeln können. Und doch müssen wir immer genau hinschauen. Ich möchte dir auch dazu ein Beispiel erzählen, das noch gar nicht lange zurückliegt. Ich las eines Morgens eher beiläufig in der Zeitung von einem Mann, der seine beiden kleinen Kinder und dann sich selbst umgebracht hatte. Ich ging damit nicht in Resonanz und beschäftigte mich nicht weiter damit, bis mich noch am gleichen Tag eine Freundin anrief und um Hilfe bat. Sie wiederum war eine gute Freundin der Mutter dieser Familie aus der Zeitung. Diese hatte sich von ihrem Mann getrennt und an jenem Tag war verabredet, dass sie sich die Kinder auf dem Spielplatz übergeben würden. Als der Vater nicht erschien, kam in der Mutter Panik auf, denn er hatte bereits in einigen E-Mails und Social-Media-Gruppen Andeutungen gemacht, die im Nachhinein erklären können, was er vorhatte. Er gab der Mutter seiner Kinder die Schuld an so ziemlich allem, weil sie sich von ihm getrennt hatte. Sie rief sofort die Polizei, die ihn und die Kinder schließlich tot in seiner Wohnung fand.

Die Mutter wurde versorgt. Unsere gemeinsame Freundin suchte nun bei mir Hilfe, weil sie merkte, dass sie sich nicht abgrenzen konnte. Der ganze Vorfall zog sie mit enormer Kraft nach unten, weil sie die Kinder auch kannte, die jede Woche mit ihren Kindern gemeinsam gespielt hatten.

Mir war klar, dass wir hier eine größere Aufgabe vor uns hatten. Es ging um die Kinder und um die Frau. Ich sah nämlich die Seelen der Kinder, die in der jenseitigen Welt gerade dabei waren, zu sich zu kommen. Natürlich ging es ihnen nicht gut und es war wichtig, für sie zu sorgen. Der Vater in seinem psychopathischen Wahn und einem extremen Narzissmus war davon ausgegangen, dass die Kinder und auch die Frau sein Eigentum seien. Es war sein Plan, die Frau durch diese Gräueltat derart zu quälen, dass sie sich schließlich auch das Leben nimmt und auf der anderen Seite wieder in seinen Machtbereich kommt.

Als die Kinder zu sich kamen, sprach ich sie an. Sie fragten, wo ihre Mama sei, ich zeigte ihnen die Engel um sie herum und sagte ihnen, dass sie mit ihnen spielen können. Da sie ohnehin in Spielplatz-Laune waren, ließen sie sich leicht darauf ein und liefen mit ihren vier und sechs Jahren mit den Engeln mit. Sie nahmen ganz automatisch die Hände der Engel und gingen mit ihnen ins Licht. Das war in diesem Moment sehr wichtig, denn dort konnte sie der Vater mit seiner niederen Schwingung nicht mehr erreichen. Als er zu sich kam und bemerkte, dass die Kinder weg waren, wurde er panisch, denn sein Plan, dass die Mutter bald nachkommen würde, war nicht aufgegangen. Er rannte völlig aufgelöst vom Tatort weg, wo er bis jetzt noch verharrt hatte.

Für die Kinder war es in Ordnung, mit den Engeln mitzugehen und dort ihr Spiel fortzusetzen. Sie waren noch so jung, dass es nicht der richtige Weg gewesen wäre, ihnen von dem zu erzählen, was passiert war. Natürlich hatten sie nach ihrer Mutter gefragt, doch ob sie in vier Minuten oder in vierzig Jahren zu ihnen kommen würde, das spielt für die Seele keine Rolle. Irgendwann würde die Mutter wieder bei ihnen sein.

Wir übermittelten der Mutter die Botschaft, dass es den Kindern gut gehe und dass sie für sich selbst sorgen solle, um ihnen nicht in den Tod zu folgen. Tatsächlich war sie sensibel genug, zu spüren, dass zumindest ihren Kindern nun nichts mehr geschehen konnte. Sie gewann ein wenig die Kontrolle zurück und konnte wieder klarer denken. Ihre Todessehnsucht, die sie über Stunden fest im Griff gehalten hatte, konnte sich lösen.

Ich habe an diesem Tag zum ersten Mal einen Schutzengel voller Trauer gesehen – es war der Schutzengel dieses Mörders. Der Engel schaute ihm traurig hinterher, denn in seiner aggressiven Psychose war der Mann für keine liebevolle Schwingung ansprechbar. Die Aufgabe dieses Vaters war es nun, sich mit seinen Gefühlen auseinanderzusetzen, für die er niemand anderen mehr verantwortlich machen konnte. Wir können es Hölle nennen, er stand im Höllenfeuer. Doch es war kein Ort, es war sein eigener negativer Zustand, dem er nun ins Auge blicken musste. Dies entspricht dem »Jüngsten Gericht«, das sich immer nur in uns selbst abspielt.

»Warum lässt Gott das zu?«

Kommen wir damit auf die typischen zwei Fragen zu sprechen, die beim Tod von Kindern immer gestellt werden: Wie geht es den Kindern im Jenseits? Und warum kann Gott so etwas zulassen? Den Kindern geht es gut, das haben wir gesehen. Und es stimmt nicht, dass Gott so etwas zulässt. Die Menschen waren es, die es zuließen. Sie tragen das Göttliche in sich und wenn sie es vergessen, dann können sie auf derart niedrige Schwingungsebenen geraten, dass solche Verbrechen möglich werden.

Wir können uns nicht vor Unfällen und anderen einschneidenden Erlebnissen absichern. Doch wir können achtsam sein, unsere

Emotionen transformieren und uns immer neu an die lichtvolle geistige Welt wenden, damit sie alles zu unserem Besten und zum Besten aller Beteiligten geschehen lassen möge.

Warum lässt Gott das zu? Diese Frage wird immer wieder gestellt, insbesondere wenn Kinder sterben oder ihre Eltern verlieren. Es ist eine Frage, die uns ohnmächtig zurücklässt. Es gibt keine Antwort darauf, weil es die falsche Frage ist. Sie geht von einem strafenden Gott aus, den wir so sehr verinnerlicht haben, dass wir ihn kaum aus unserem Kopf bekommen. Gott lässt Elend nicht zu und er macht auch kein Elend! Denn Gott ist nicht dieses personifizierte Wesen im Himmel, das aufgrund irgendwelcher Vorstellungen oder sogar nach Gutdünken über uns herrscht. Wir können uns nur immer wieder sagen:

> »Ich bin in Gott. Gott ist in mir. Ich bin in Liebe und beschützt.«

Nur durch eine bewusste und liebevolle Auseinandersetzung mit dem, was passiert ist, können wir uns weiterentwickeln.

Kinderseelen

Sind die Seelen von Kindern eigentlich anders als die von Erwachsenen? Natürlich ist die Seele immer Seele. Es gibt keinen Unterschied, der vom Alter der inkarnierten menschlichen Gestalt abhängt. In der Wahrnehmung allerdings gibt es einen wesentlichen Unterschied. Ein Kind ist anders als ein Erwachsener. Und so sieht ein Kind einen Engel emotional auch anders als ein nüchterner und vielleicht etwas verkopfter Erwachsener. Nicht umsonst heißt es so schön: »Wenn ihr nicht umkehrt und werdet wie die Kinder, werdet ihr nicht in das Himmelreich hineinkommen« (Matthäus 18,3). Tatsächlich eröffnen sich uns die geistigen Welten dann am leichtesten, wenn wir freudig, verspielt und neugierig sind und uns, ohne zu viel darüber nachzudenken, allen Erfahrungen öffnen. Viele Seelen brauchen nach ihrem Tod einen Menschen, der ihren Fokus auf die Welt der Engel lenkt. Denn natürlich könnten die Engel selbst den Seelen die Botschaft geben, dass sie einen Unfall hatten, dass sie nicht mehr unter den Irdischen weilen, dass ihr Weg jetzt ins Licht führt. Doch solange Seelen auf die Menschenwelt orientiert sind, schauen sie nicht nach den Engeln und da diese immer unseren freien Willen achten, können sie sich nicht bemerkbar machen. Dann braucht es feinfühlige Menschen als »Dolmetscher«. Doch so einfühlsam sie auch sein mögen, es ist die Entscheidung der Seele, wohin sie sich wenden möchte. Verstorbene Kinder tun sich hier oft deutlich leichter.

Bei den Beispielen, die ich hier zum Tod von Kindern angesprochen habe, sage ich niemals, dass diese Seelen einen bestimmten Grund für diese Erfahrung hatten und deshalb so früh sterben »wollten«. So etwas stimmt für mich nicht. Das sind Glaubenssätze, mit denen wir aufräumen sollten. Man könnte sagen, die Kinder waren mit ihrem Umfeld in einem Schicksalsstrom, der sie mitgerissen hat. Die Verantwortung tragen immer die Erwachsenen. Mit dem göttlichen Anteil in uns haben wir jederzeit die Möglichkeit, Liebe zu geben. Ob wir das tun oder ob wir andere als unseren Besitz ansehen und im Extremfall sogar übergriffig werden, das entscheiden wir selbst. Wie wir unser Leben gestalten, das ist unser schöpferischer Prozess auf der Basis unseres freien Willens. Das heißt nicht, dass wir alles in unserem Leben bestimmen können. Dazu ist das Erdendasein viel zu komplex und viel zu viele Facetten und individuelle Menschen spielen mit hinein.

Was aber bedeutet es, wenn sehr kleine Kinder sterben? Auch hier möchte ich mit dieser Vorstellung aufräumen, dass so etwas einem Plan folgt. Das ist eine rein menschliche Idee, die uns Trost und Entspannung geben soll. Das mag zeitweise hilfreich sein, der Realität entspricht es aber nicht. Ein Plan und unser freier Wille würden sich widersprechen. Wir wären Marionetten, alles wäre festgeschrieben. Statt nach einem Plan zu fahnden, sollten wir lieber versuchen, dem Geschehen nachträglich einen lichtvollen Sinn zu geben. So schwer das auch sein mag und so unmöglich das mit dem Schmerz in unserem Herzen scheinen mag, so sind wir doch in der Lage, nach einer Trauerphase jedem Geschehen etwas Lichtvolles abzugewinnen. Den größten Vorbildern unter den Menschen ist genau das gelungen: Sie haben etwas höchst Leidvolles durchlebt und es in sich so transformieren können, dass sie zu leuchtenden Vorbildern für viele andere werden konnten.

Es ist mir so wichtig, ein Bewusstsein dafür zu schaffen, dass wir nicht immer alles auf einen strafenden Gott schieben sollten. Dazu gehört auch, dass wir die positiven Entwicklungen wahrnehmen. Früher haben die meisten Frauen acht oder zwölf oder noch mehr Kinder bekommen, weil klar war, dass sowieso nicht alle von ihnen überleben würden. Wie viele Frauen haben diesen Schmerz von verlorenen Kindern durchmachen müssen? Heute in unseren Generationen sind es so viel weniger. Und sicher hat das auch damit zu tun, dass einzelne Menschen diesem Leiden ein Ende bereiten wollten. Sie haben den Schmerz in der Weise verwandelt, dass sie beispielsweise für mehr Hygiene und mehr Wissen im gesundheitlichen Bereich gesorgt haben.

Aus menschlicher Sicht ist natürlich jeder Tod eines Kindes eine besonders schmerzhafte Erfahrung. Der geistigen Welt allerdings ist es nicht so wichtig, ob eine Seele inkarniert auf der Erde herumläuft oder in den jenseitigen Welten ist. Die Engel lieben und begleiten uns in beiden Welten und sie freuen sich, dass wir da sind, ob lebendig als Mensch oder lebendig als Seele. Es mag anfangs nicht so leicht sein, einen solchen Gedanken zuzulassen. Doch er kann uns sehr viel Trost geben, weil er uns klarmacht, dass alles ein großes Ganzes ist und keine Seele verloren geht – auch nicht die eines geliebten Kindes, das die Erde frühzeitig verlassen hat.

Manche, die mich so reden hören, fragen gern, warum wir eigentlich Angst vor dem Sterben haben, wenn es doch im Jenseits so schön ist. Nun, es ist einfach ein Überlebensinstinkt in uns eingebaut – und das ist auch sinnvoll so. Im Jenseits können wir das schönste Lichtlein sein, aber diese große Wahrnehmungs- und Erfahrungsvielfalt, die wir als Menschen kennen, die haben wir nur in einem Körper. Hier machen wir unsere Lernschritte, deren Ergebnisse dann ins große Seelenbewusstsein eingehen. So hat das Leben seinen Sinn und es wäre nicht stimmig, es leichtfertig aufzugeben. Sterben werden wir auf jeden Fall, das hat keine Eile. Genießen wir das Leben in vollen Zügen, denn es hat uns unendlich viel zu geben.

Wir sind niemals allein und entscheidend ist, dass wir Gott nicht im Außen suchen, sondern in uns selbst, und dass wir aus dieser göttlichen Kraft in uns etwas Gutes machen, dass wir unsere Liebe immer wieder erwecken und in alles einfließen lassen, was wir tun.

Dem Leiden etwas Wertvolles abringen

Im Jahr 2010 gründete ich in Russland unser Kinderdorf, das sich Kindern und Jugendlichen mit körperlichen und geistigen Behinderungen und ihren Familien widmet. Was aus einem schockierenden Erlebnis meinerseits und der himmlischen Führung heraus geboren wurde, hat mittlerweile – mithilfe von Spendengeldern aus dem deutschsprachigen Raum und der tatkräftigen Hilfe zahlreicher Eltern vor Ort – sehr viel in der russischen Gesellschaft verändert. Während noch vor zehn Jahren behinderte Kinder weniger Rechte hatten als Tiere, gibt es heute sogar ein Inklusionsgesetz. Das Leid so vieler Familien hat zu einer großen Wandlung geführt. So viel mehr Menschen wissen heute, dass eine Welt ohne diese außergewöhnlichen Kinder und Jugendlichen deutlich ärmer an Mitgefühl, Liebe und auch Mut wäre. Sie können uns große Lehrmeister sein.

Das könnte auch eine Antwort auf die Frage sein, was es auf seelischer Ebene bedeutet, wenn ein Kind behindert zur Welt kommt und dann sehr jung stirbt. Auch hier geht es nicht um einen strafenden Gott oder um Schuld, sondern um die Demut, mit der wir anerkennen, dass wir nicht wissen können, warum so etwas geschieht. Wir können ein solches Kind nur mit aller uns möglichen Liebe begleiten und auch hier versuchen, einen lichtvollen Sinn aus dem Ganzen entstehen zu lassen.

Das erinnert mich an eine Frau, die erzählte, dass ein Kind mit geistiger Behinderung in ihrer Familie auf sehr bereichernde Weise für Entschleunigung sorgt. Man nimmt sich mehr Zeit für dieses Kind und damit auch insgesamt füreinander. Es wird zusammen gekocht und gebacken und gut gegessen, was man vor der Geburt dieses Kindes nicht getan hat.

Eine andere Mutter erzählte von ihrer behinderten Tochter, die in ihrem kurzen Leben sehr viel Schmerz durchmachen musste, der sich natürlich auf die ganze Familie übertrug. Heute ist sie dieser Erfahrung zutiefst dankbar, denn sie hat sie auf ihren spirituellen Weg geführt und ihr großartige Entwicklungsschritte geschenkt. Solche Menschen sind für mich Beispiele, wie wir etwas Leidvollem nachträglich einen größeren Sinn geben können.

Viele Eltern von früh verstorbenen Kindern bleiben mit der Seele dieses Kindes noch eine ganze Zeit lang in liebevollem Kontakt. Manchmal werde ich dann gefragt, ob sie dieser Seele vielleicht im Weg stehen, weil sie sich neu inkarnieren möchte. Das ist eine sehr liebevolle Haltung. Eine Mutter erzählte mir, dass sie mit der ganzen Familie, also auch mit den Geschwistern des verstorbenen Kindes, ganz bewusst der Seele immer wieder einen Segen schickte und sich erkundigte, wie es ihr geht. Einige Jahre nach dem Tod des Kindes sah sie dabei einen hellen Sonnenstrahl, der in einem schönen Bogen zur Erde fiel. Es schien ihr das Symbol für eine neue Inkarnation dieser Seele zu sein. Natürlich dachte die Familie weiterhin liebevoll an ihr Kind und hielt die Erinnerungen in Ehren. Doch sie standen dieser Seele damit nicht im Weg, auf ihre Weise weiterzugehen und sich zur gegebenen Zeit auch neu auf der Erde zu verkörpern. Natürlich können sie ihr Kind weiterhin von Zeit zu Zeit vermissen, wir sind Menschen und haben unsere Bedürfnisse und unsere Emotionen. Auf seelischer Ebene werden wir immer in Liebe verbunden sein und doch ist jeder frei, seinen Weg zu gehen.

Wenn Seelen durch eine Abtreibung zurückgeschickt werden

Für die geistige Welt ist es nicht entscheidend, auf welcher Ebene die Seele ihre Entwicklung macht und auf welcher Ebene sie die Seele unterstützt. Ob im Diesseits oder im Jenseits. Die lichtvolle geistige Welt ist immer für die Seelen da und sorgt dafür, dass keine Seele verloren geht. Auch beim Thema Abtreibung und Abgang von ungeborenen Kindern kann das eine sehr wertvolle Information sein. Für die geistige Welt gibt es den Tod, den wir so sehr fürchten, nicht, denn die Seele ist unsterblich und die Engel sind immer bei ihr.

Gehen wir mit diesem Wissen nun das Thema Abtreibung an. Betrachten wir zunächst die Situation der Frau. Für mich ist die einzige sinnvolle und urteilsfreie Herangehensweise hier, Empathie zu empfinden und zu verstehen zu versuchen, warum sie sich so entschieden hat. Man muss den persönlichen Grund für diesen Schritt akzeptieren und der Frau mit Liebe und Respekt begegnen. So viele Jahrhunderte lang wurden Frauen unterdrückt und hatten nicht einmal das volle Recht über ihren Körper. Daher finde ich, dass bei diesem Thema die erste Frage lauten muss: Wie geht es der betroffenen Frau? Geht es ihr gut nach ihrer Entscheidung? In dieser Frage steckt das klare Bewusstsein für die volle Eigenverantwortung der Frau. Es geht um ihren Körper und um ihr Leben. Sie entscheidet bewusst, was sie damit macht und was nicht. Auch die psychischen Folgen müssen bedacht werden.

Die nächste Frage ist dann: Wie geht es der Seele des Kindes? Bei vielen Frauen konnte ich während ihrer Schwangerschaft den Prozess der Inkarnation aus seelischer Sicht beobachten. Dabei habe ich ein wiederkehrendes Muster erkennen können, das ich auch bei meiner eigenen Schwangerschaft mit meiner Tochter wahrnehmen konnte. Daher kann ich sagen: Bis spätestens in der vierzehnten Schwangerschaftswoche ist die Seele noch ganz mit der geistigen Welt verbunden. Sie weiß noch, woher sie kommt und dass sie als eine Seele dabei ist, zu inkarnieren. Es hat sich noch nicht der berühmte Schleier des Vergessens über sie gelegt. Wenn die Frau sich in dieser Zeit gegen das Kind entscheidet und die Seele gewissermaßen zurückgibt, ist das kein so dramatisches Trauma für die Seele, als wenn dies später geschieht. Denn sie kann sich sofort wieder in den geistigen Welten zurechtfinden.

In einer späteren Phase der Schwangerschaft ist die Seele dann schon ganz im Körper angekommen, allerdings in einem schlafenden Zustand. Die bewussten Kräfte sind in dieser Zeit nicht wach und wenn jetzt noch abgetrieben würde, bekommt die Seele das unter Umständen gar nicht richtig mit. Dann kann es passieren, dass sie weiterhin in der Aura der Mutter schläft und auf dieser neutralen Astralebene verbleibt.

Dazu kommt, dass die meisten Frauen diesen Schritt mit einem starken Schuldgefühl vollziehen und genau damit an den Erinnerungen und an der Seele unbewusst selbst festhalten. Sie schaden ihr damit zwar nicht unbedingt, doch sie bleibt in ihrem Schlaf bei ihnen. Das Nest ist dann in gewisser Weise besetzt und die Frau kann Schwierigkeiten haben, später erneut schwanger zu werden, wenn sich vielleicht ihre Lebensumstände oder ihre partnerschaftliche Situation verbessert hat. Es ist daher in jedem Fall sehr wichtig, ein persönliches Abschiedsritual für diese Seele zu machen, ihr die Situation in Liebe bewusst zu machen und sie ihren Engeln zu übergeben und ins Licht zu schicken. Die Frau kann dafür eine Segnungskugel entstehen lassen, sie dem Kind senden und dazu sagen:

> »Es tut mir leid, dass ich dich nicht bei mir behalten kann. In Liebe trage ich dich weiter im Herzen und wünsche dir alles Gute. Liebe Engel, bitte kümmert euch um diese Seele, sodass sie einen neuen Weg für sich finden kann.«

Ein solches Ritual kann die emotional schwierige Situation ein wenig entspannen. Die schuldvolle Anhaftung kann sich lösen. Dies gilt natürlich genauso für Kinder, die tot geboren werden oder kurze Zeit nach ihrer Geburt sterben.

In meinen Seminaren merke ich oft, wie groß das Bedürfnis ist, zu diesem Thema Klarheit und Trost zu erhalten. Häufig spreche ich dann mit den Teilnehmerinnen und genauso auch Teilnehmern, die das Thema ebenso berührt, das folgende Gebet:

> »Liebe lichtvolle geistige Welt, liebe Engel, bitte unterstützt alle Frauen, die die Erfahrung einer Abtreibung durchgemacht haben, sich selbst gegenüber gnädig zu sein, sich mit sich und der Situation zu versöhnen und sich zu vergeben. Mögen sie Frieden und Heilung in ihrem Herzen und ihrer weiblichen Kraft finden können. Ich bete auch für alle Seelen, die jetzt nicht inkarnieren konnten. Bitte sorgt gut für sie und nehmt sie wieder bei euch auf. Tragt sie in einen geschützten, lichtvollen Raum des Himmelreichs, wo sie sanft erwachen, die Situation verstehen und schließlich einen neuen Weg beginnen dürfen. So möge Heilung auf allen Ebenen geschehen. Dafür danke ich.«

Oft sehe ich am Ende dieses Gebets, wie im Himmel unendlich viele Lichter angehen. Wie ein Meer von Kerzen. All die Seelen fühlen sich gesegnet und aufgefangen. Ich höre ein sanftes Halleluja aus den himmlischen Sphären, mit dem der Himmel uns auch für unser Mitgefühl dankt.

Wenn die Toten bei uns bleiben

Es gibt die unterschiedlichsten und erstaunlichsten Geschichten von sogenannten Geistern, also von Verstorbenen, die sich lebenden Menschen bemerkbar machen. Diese Geschichten können gruselig sein, schmerzvoll, aber auch von Heilung und Liebe erzählen, so wie es meine Beispiele hier in diesem Buch tun möchten. Zeit und Raum spielen bei diesen Begegnungen meist keine Rolle. Natürlich kann es sein, dass eine Seele, die noch nicht ins Licht gefunden hat, an bestimmten Orten auf der Erde verbleibt und auf die Erlösung wartet. Deswegen begegnet man ihnen auf Friedhöfen, in ihren früheren Wohnhäusern oder am Ort eines Unfalls, den sie noch nicht realisiert haben. Aber diese Seelen sind nicht an einen Ort gebunden. So ist es bei mir schon immer so gewesen, dass die Seelen spüren, dass sie bei mir Hilfe bekommen können, und so suchen sie mich auf. Oder wenn wir in einem Seminar jemandem helfen, der einen lieben Menschen verloren hat, dann ist dessen Seele auch ganz schnell für die meisten im Raum spürbar. Oft durch diesen kühlen Luftzug spürbar, wenn die Seele tatsächlich noch nicht erlöst ist.

Das ist möglich, weil wir uns hier im feinstofflichen Bereich bewegen. Die Energie jeder Seele ist als Information überall im Feld abrufbar. Wenn es eine Verbindung gibt, beispielsweise über einen Trauernden, dann können wir diese Information oder Energie spüren, denn die Seele ist im Feld dieses trauernden Menschen.

Mit einer gewissen Feinfühligkeit können wir immer die Informationen abrufen, auf die wir uns fokussieren. Haben wir den

Namen, das Alter oder ein Foto eines verstorbenen Menschen, reicht das aus, damit ein hellsichtiger oder hellfühliger Mensch Informationen über ihn bekommen kann. Ich selbst brauche auch das nicht, ich kann mich einfach so darauf fokussieren, ihn sehen und mit ihm kommunizieren.

Wenn jemand viel mit Toten zu tun hat, dann ist es nicht nur wichtig, dass er darauf achtet, mit seiner Energie immer gut bei sich selbst zu sein. Es ist auch wichtig, mit diesem Thema gut umgehen zu lernen. Oft fühlt es sich sehr kalt an – anders, als wenn du die kühle Haut von jemandem berührst. Dann nämlich lässt du los und spürst die Kälte nicht mehr. Wenn dir ein »Geist« begegnet, kann es hingegen sein, dass diese Kälte noch länger in deinem eigenen Körper spürbar bleibt. Deshalb ist es wichtig, für Wärme zu sorgen, heißen Tee zu trinken und sich vor allem nach einem Arbeitstag im Krankenhaus, im Hospiz oder wo auch immer dir diese Energie begegnet, warm abzuduschen, um die Energie von sich zu lösen und wieder Wärme in den Körper zu bringen. Außerdem kannst du folgenden Spruch innerlich sprechen und den Worten nachspüren:

> »Göttliche Liebe erfüllt meine Seele. Alles Fremde,
> das in mich hineingegangen ist, muss mich verlassen
> und den Engeln folgen.«

Der Tod ist etwas, was wir mit feinen Sinnen spüren können. Auch manche Tiere können das. Es gibt beispielsweise Erzählungen von einer Katze, die in einem Krankenhaus lebte und immer, wenn sie sich bei einem Patienten auf die Beine gelegt hat, wusste man, dass er zwei Tage später sterben wird. Der Tod ist spürbar. Auch ich nehme schwer kranke Menschen ganz anders wahr als solche, denen der Tod noch nicht so nah gekommen ist. Sie riechen beispielsweise anders, weil sich der Stoffwechsel verändert. Diese Katze fand das offenbar angenehm.

Wenn Seelen Unterstützung brauchen

Immer wieder hören wir von Menschen, die nicht loslassen können, im Sterben nicht und oftmals auch nicht danach. Viele quälen sich lange mit dem Sterben herum, bis sie dann endlich gehen können. Andere sterben vielleicht überraschend schnell, finden dann aber als Seele nicht ihren Weg. So war es bei dem Bruder eines Mannes, der mich aufsuchte. Er war mit etwa siebzig gestürzt, ins Koma gefallen und nach einigen Stunden gestorben. Die Seele hatte diesen Tod schon realisiert, konnte aber dennoch nicht ins Licht gehen. Als ich sie sah, bedeutete mir ihr Schutzengel, dass sie voller Sorge um die Familie sei. Dieser Mann hatte seine Lieben so plötzlich zurücklassen müssen, dass ihn sein Verantwortungsgefühl quälte und daran hinderte, loszulassen und weiterzuziehen. Erst als ihm sein Bruder versicherte, dass er gehen dürfe, konnte er sich dem Licht zuwenden und seinen Engeln folgen.

Das Wichtigste für die Hinterbliebenen ist ja immer, ob es der Seele gut geht. Können wir sie in Ruhe weiterziehen lassen oder braucht sie noch etwas von uns, weil sie irgendwo feststeckt oder noch etwas klären möchte? Mit etwas Feingefühl spüren wir, ob alles in Ordnung ist oder ob es da noch etwas zu lösen gibt. Dann nämlich liegt eine Schwere über uns in unserer Trauer, die auch mit der Zeit nicht leichter wird. Es ist wichtig, unterscheiden zu lernen, was unsere ganz natürliche persönliche Trauer ist und was ein Schmerz ist, der daher rührt, dass die Seele Hilfe braucht.

Auch in der Trauer ist es die Liebe, die unsere Welt zusammenhält. Fehlt dieses Gefühl, bricht alles auseinander. Wenn wir mit dem Abschied von einem Verstorbenen nicht zurechtkommen, dann treibt uns eine tiefe Sehnsucht an, wieder in die Liebe zu finden. Wieder Erleichterung im Herzen zu spüren. Oftmals ist es nicht möglich, genaue Informationen über die tieferen Beweggründe einer Seele zu erhalten. Doch das ist auch gar nicht notwendig. Wenn wir uns darauf einlassen, spüren wir ganz genau, ob sie noch Unterstützung benötigt. Dann haben wir unsere Gebete und können die Angelegenheit der geistigen Welt und den Engeln übergeben. Das ist der Teil, den wir immer tun können. Und das ist der Teil, der tatsächlich eine große Wandlung in die Wege leiten kann. Genau diese Wandlung spüren wir dann auch in unserem Herzen. Es wird leichter, es wird liebevoller. Wir können den verstorbenen Menschen gehen lassen und auch selbst unseren Weg fortsetzen. Das heißt nicht, dass wir dann nicht mehr trauern. Jetzt sind wir überhaupt erst frei, einen gesunden Trauerprozess zu durchleben, der zur rechten Zeit auch zu seinem Ende kommen wird.

Besonders belastend für die Nachfahren ist es, wenn nicht geklärt ist, wie der Verstorbene ums Leben kam. War es ein Spontantod, eventuell ein Suizid, ein Unfall oder eine plötzliche Krankheit? Diese Ungewissheit kann sehr quälend sein. Die Angehörigen können nicht wirklich abschließen, immer wieder halten sie die schmerzvollen Fragen in Aufruhr, was wirklich passiert ist und warum. Auch hier können Intuition und das Abgeben an die geistige Welt die große Erleichterung bringen. Vielleicht werden sich bestimmte Fragen niemals wirklich klären lassen, doch wir können unsere Gebete sprechen, bis nach und nach die Gewissheit in unser Herz einzieht, dass es der Seele des Verstorbenen jetzt gut geht und sie ihren Weg ins Licht nehmen kann. Wenn du in einem solchen Fall andere unterstützt, ist es sehr wichtig, besonders behutsam und achtsam in der Wahl deiner Worte zu sein. Es nützt nichts, vorschnell Gewissheiten zu verbreiten. Denn mit unseren feinsinnigen Wahrnehmungen können wir auch allzu leicht in den Bereich der Fantasie und der Wunschvorstellung geraten. Das merken wir daran, dass unser gut gemeinter Trost den anderen nicht hilft. Wenn du unsicher bist, solltest du lieber nichts sagen und den Trauernden einfach dein Mitgefühl zeigen. Auch mir passiert es manchmal, dass mir etwas nicht gezeigt wird, dass mir die Engel eine Art Vorhang vor die Augen schieben, damit ich nicht sehen kann, wie es um eine Seele steht. Ich akzeptiere das, denn offenbar geht es hier um Dinge, die mich nichts angehen und die ich nicht übermitteln soll. Voller Demut nehme ich mich dann zurück.

Wie aber kann ich trotzdem den Angehörigen helfen? Zum einen ist es wichtig, ihnen bei allem Schmerz sanft und vorsichtig klarzumachen, dass es sich hier nicht um ihr Schicksal handelt, sondern um das des Verstorbenen. Das kann schon ein wenig Abstand schaffen und die Bereitschaft stärken, dass man den anderen gehen lässt. Man darf ihm sein Schicksal zutrauen und zumuten. Genau das versuche ich in solchen Fällen auch zu vermitteln: Die Seele ist stark und sie hat sich bestimmte Lernaufgaben vorgenommen. Sie ist kein Häufchen Elend und auch kein Opfer. Wir können sie als göttliche, unsterbliche, wunderschöne und kraftvolle Seele wahrnehmen. Und als göttliche Seele ist sie in der Liebe zu Hause und mit Gott verbunden. Keine Seele ist jemals verloren, ganz gleich, was geschehen mag.

Wenn die Seele diese Verbundenheit mit dem Göttlichen vergessen haben sollte, dann können wir sie in unseren Gebeten daran erinnern. Wir können ihren Schutzengel bitten, gut für sie zu sorgen und sie wieder in das Bewusstsein der allumfassenden Liebe zu führen. Beten können wir immer.

Ein Gespräch in dieser Richtung kann Hinterbliebenen sehr helfen, damit sie diese quälende Ungewissheit nicht krank macht und sich ihre heftigen Gefühle nach und nach transformieren können. Naturgemäß werden sie immer wieder einmal in die Unklarheit und den Schmerz zurückfallen. Vielleicht stellen sie dir dann bei der nächsten Begegnung genau die gleichen Fragen. Es dauert seine Zeit, bis in eine aufgewühlte Psyche wieder Ruhe einkehren kann und diese Erkenntnisse tiefer und tiefer in ihrer eigenen göttlichen Seele nachhallen. Ein Trauerprozess kann die unterschiedlichsten Phasen beinhalten. Oftmals träumen die Trauernden dann von dem Verstorbenen und sehen ihn vielleicht mit einem Lächeln im Gesicht und der Botschaft, dass es ihm gut geht.

Das Wahrnehmen der Seelen

Manchmal hören wir von Kindern, die einen sehr engen Kontakt mit den Seelen Verstorbener haben. Mir wurde einmal von einem Mädchen erzählt, das mit vier Jahren immer mit zwei anderen Kindern ihr Bett teilte, die sie aus dem Jenseits besuchten. Sie kuschelten mit ihr, doch sie selbst war verängstigt und hatte kaum noch Platz in ihrem eigenen Bett. Mich berühren solche Geschichten sehr, denn es ist auch meine Geschichte und ich weiß, wie unendlich wichtig es ist, solche Kinder ernst zu nehmen und sie zu unterstützen.

Mich haben von klein auf die Seelen Verstorbener besucht und ich war damit vollkommen überfordert. Ich habe keine Unterstützung erfahren und sollte ich tatsächlich einmal gewagt haben, das Thema anzusprechen, dann hieß es nur: »Sei still, sonst kommst du in die Geschlossene!« In der damaligen Sowjetunion war es nicht erlaubt, irgendetwas Religiösem oder Spirituellem nachzugehen. Und obwohl in meiner Familie sowohl mütterlicherseits als auch väterlicherseits sehr viele Frauen die Veranlagung der Hellsichtigkeit hatten, wurde nicht darüber gesprochen. Es wurde verdrängt und mir wurde nicht geholfen.

Nicht viel anders erging es mir auch außerhalb der Familie. So habe ich zum Beispiel einmal gegenüber von einem Spielplatz auf dem Balkon einer Freundin einen krank wirkenden Mann beobachtet. Ich fragte sie, wer das sei, und als ich ihn ihr beschrieb, stellte sich heraus, dass es der verstorbene Vormieter dieser Wohnung gewesen sein musste. Ich hatte ihn ganz real wahrgenommen und meine Freundin sah ihn nicht. Sie erzählte es ihrer Mutter, die ihr daraufhin verbot, weiterhin mit mir zu spielen. Für mich war das sehr traurig, denn ich habe ohnehin nur sehr selten gespielt in meiner Kindheit. Immer wieder war die Botschaft: »Du bist falsch. Du kannst froh sein, wenn du nicht in die Geschlossene kommst.«

Dieses Mädchen, das immer zwei jenseitige Kinder mit in ihrem Bett hatte, war bereits sehr weise. Es bat die Eltern immer wieder darum, zum Friedhof zu gehen und dort Kerzen anzuzünden. Eben das dürfte auch genau das Richtige gewesen sein. Diese beiden Kinder waren nämlich die Seelen verstorbener Verwandter, die den Weg ins Licht noch nicht gefunden hatten. Ihnen ein Licht anzuzünden und für sie zu beten, kann sie erlösen.

Ich bin so unendlich dankbar, dass es heute so viele verständnisvolle Eltern gibt, die einem solchen Impuls folgen und es ihrem Kind dadurch ermöglichen, seine besonderen Gaben selbst wertschätzen und weiterentwickeln zu können. Es gibt diese Kinder, die auf besondere Weise in allen Welten zu Hause sind. Gerade für sie ist es sehr bedeutsam, von ihrem Umfeld ernst genommen zu werden – und auch mal wieder zu den Eltern ins Bett zu dürfen, wenn sie von Angst machenden Gestalten heimgesucht werden. Ich weiß, wovon ich spreche. Ich war in meiner Kindheit so unendlich oft verängstigt und allein. Ich habe eine unglaubliche Selbstdisziplin entwickeln müssen, um mich in dieser irdischen Welt zu verankern. Es hat seinen Grund, warum ich heute so strukturiert bin, so klar, so fokussiert und immer auf das Liebevolle ausgerichtet. Denn wenn man in allen Welten zu Hause ist und für die eigene Wahrnehmung die Schleier zwischen den Welten einfach nicht existieren, dann kann man sehr leicht verloren gehen. Auch deshalb ist mir ein klarer Intellekt in Verbindung mit einem offenen Herzen so wichtig.

Um Kinder zu unterstützen, kann man ihnen sehr früh bereits ein Schutzgebet mit auf den Weg geben, das du natürlich auch selbst immer dann nutzen kannst, wenn du das Gefühl hast, dass ein paar seltsame oder bedrohliche Energien in deiner Nähe sind. Wenn sich beispielsweise ein kalter Schauer auf deinen Rücken legt, sagst du zu dem, was da im Raum ist:

> »Wenn du in reiner Liebe bist, darfst du bleiben. Wenn du nicht in reiner Liebe bist, musst du dorthin zurückgehen, wo du herkamst. Oder du schaust nach oben ins Licht und folgst den Engeln.«

Kannst du spüren, wie dir diese Worte ein bisschen Ruhe schenken, etwas Sicherheit?

Für die Familie des Mädchens haben wir in einem Ritual ein solches Gebet gesprochen und den beiden Seelen erklärt, dass ihre Zeit auf der Erde vorbei ist und sie nun den Heimweg ins Licht antreten müssen. Wir haben ihnen segensreiche Energie über die Segnungskugel mit auf den Weg gegeben und ihnen versichert, dass auf der anderen Seite sehr gut für sie gesorgt wird.

Seelen, die am Ort des Todes ausharren

Wenn Menschen verunglücken, dann spüren wir oftmals am Unfallort eine belastende, schwere Energie, die uns vielleicht den Atem nimmt, den Bauch verkrampft oder uns traurig macht. Ein Ort, die Natur, vielleicht ein See, in dem jemand ertrunken ist, nimmt diese Energie und feinstoffliche Information natürlich auf und wenn wir sensibel sind, können wir das wahrnehmen. Gerade nach einem Unfall bleibt eine Seele oftmals noch einige Zeit auf der neutralen Astralebene in der Nähe der Lebenden. Sie steigt noch nicht auf, weil sie überhaupt erst begreifen muss, was passiert ist. Dann spüren wir ihre Energie möglicherweise genau an dem Ort, an dem sie ums Leben kam.

Auch hier ist es wichtig, ganz fein zu unterscheiden, was wir wirklich wahrnehmen und was wir nur bemerken, weil wir darum wissen. Falsch ist die Wahrnehmung sicherlich nie, denn an so vielen Orten sind im Laufe der Zeit die vielfältigsten Dinge passiert und so können wir uns das aus dem Informationsfeld herauslesen, worauf wir uns fokussieren. Wenn du beispielsweise eine Kirche betrittst, kannst du dort voller Ehrfurcht und Staunen eine heilige und kraftvolle Energie wahrnehmen. Du kannst aber auch die Schrecken der Inquisition spüren, die vielen unguten Dinge, die hier auch passiert sind, neben den Gebeten und dem Trost, den die Menschen über Jahrhunderte hier erfahren haben mögen. Du kannst die Energie der Opfer, aber auch die der Täter spüren, denn gerade machtbesessene Menschen tun sich oftmals sehr schwer damit, von der irdischen Ebene loszulassen und ins Licht zu gehen. Auch in solchen Momenten kannst du das Gebet sprechen:

»Schaut nach oben ins Licht und folgt den Engeln.«

Und du kannst den Ort verlassen und wissen, dass dies für dich kein Platz zum Innehalten und zum Gespräch mit dem Göttlichen ist.

Wenn du irgendwo in der Natur, an einer Straße oder in einem Haus spürst, dass eine Seele unerlöst auf Hilfe wartet, dann kann es durchaus sein, dass du hier eine Aufgabe hast. Sie besteht einfach darin, dass du mit deinen Händen eine Lichtkugel formst und sie mit dem bekannten Gebet zu dieser Seele und zu diesem Ort schickst. Du kannst es auch ausführlicher halten, denn manche Seelen sind verwirrt und das schon seit langer Zeit. Du könntest sagen:

> »Liebe Seele, du bist hier noch immer im Diesseits. Dein Weg auf der Erde ist zu Ende. Die Engel warten auf dich. Für dich wird immer gut gesorgt sein. Schau nach oben ins Licht und folge den Engeln.«

Dann lässt du los. Mehr hast du nicht zu tun. Du musst nicht wissen, was hier irgendwann passiert ist. Es geht nur darum, der Seele die nötige Orientierung zu geben, damit sie sich der lichtvollen geistigen Welt zuwenden kann, die dann alles Weitere unternehmen wird. Manchmal brauchen hängen gebliebene Seelen diese Fürsorge, weil sie sich an dem irdischen Ort, an dem sie verhaftet sind, sicherer fühlen als in der himmlischen Welt, deren Schwingung sie nicht mehr als heimatlich erkennen. So kannst du sie erinnern und dann loslassen.

Wenn du dich weiterhin gedanklich damit beschäftigst, dann hältst du an dieser Seele fest – nicht umgekehrt. Wenn am nächsten Tag der Gedanke an sie wiederkehrt, dann kannst du eine Kerze anzünden und erneut dein Gebet sprechen. Mehr ist nicht zu tun. Es mag spannend sein, in alte Geschichten einzutauchen, doch es ist nicht nötig und oftmals auch überhaupt nicht hilfreich, weil du dich dann in etwas hineinverstrickst, was dir nur Energie raubt. Das Loslassen und Abschalten ist enorm wichtig, das möchte ich immer wieder betonen. Es hat schon seinen Sinn, warum ich am Feierabend lieber mal in einer Modezeitschrift blättere als Literatur über das Jenseits zu lesen.

Wenn Seelen uns Energie abziehen

Manchmal scheint eine Seele Energie von einem Menschen abzuziehen, der sich dann schwächer und schwächer fühlt. Doch wie kann das sein, sie hat doch keinen Körper mehr, für den sie diese Energie brauchen könnte? Natürlich braucht sie keine Energie mehr, um ihren Organismus zu erhalten und ihr Alltagsleben zu bewältigen. Doch sie braucht eine bestimmte Energie – und das ist Liebe. Wenn sie nicht genug Liebe spürt, dann ist sie auf die Lebensenergie anderer angewiesen. Das ist letztlich wie bei uns auch. Ist ein Mensch voller Hass, Wut oder Narzissmus, dann hat er zu wenig Anbindung an das Göttliche und kaum Energie der allumfassenden Liebe. Also versucht er, durch allerlei Tricks, Manipulation oder auch Gewalt der unterschiedlichsten Art an die Lebensenergie anderer heranzukommen. Er versetzt andere in Angst, zettelt Streit und Konflikte an und weidet sich dann an dieser Energie. Das lassen aber nur die Menschen zu, die mit der Grundschwingung des Energieräubers in Resonanz gehen. Diese Menschen machen sich dann Gedanken über ihn, haben Angst vor ihm, wollen ihm auf der anderen Seite vielleicht sogar helfen – und so ist ihre Aura offen und er kann sich an ihrer Lebenskraft bedienen.

Wenn die Seele eines Verstorbenen aufgrund ihres emotionalen Zustands noch nicht in der Lage ist, mit dem reinen göttlichen Licht und der Liebe in Resonanz zu gehen, dann fehlt ihr diese Energiequelle und sie sucht diese Nahrung bei Menschen. Ich habe über so viele Jahre hinweg all diese Niederungen der menschlichen Emotionen in meinem Umfeld erlebt und diese vielen konflikthaften Erfahrungen haben mich stark gemacht, sodass ich heute meinen Selbstwert kenne und mich nicht belasten lasse.

Wir müssen hierbei unbedingt auch über Co-Abhängigkeiten sprechen. Die meisten von uns sind nicht in Freiheit erzogen, sondern mit autoritären Zwängen, die wir oftmals ein Leben lang nicht loswerden. So viele Menschen finden nicht zu sich selbst, zu dem, was sie wollen und was für sie wirklich zählt. Im Extremfall bleiben sie nicht nur psychisch und innerlich, sondern auch physisch an Mutter oder Vater gebunden. Diese Abhängigkeiten gehen manchmal sogar über den Tod hinaus. Ich kannte einmal ein Mutter-Tochter-Paar, wo beide symbiotisch miteinander verbunden waren. Die Mutter war sehr bestimmend und die Tochter konnte sich nie von ihr abnabeln. Sie ging nie eine Partnerschaft ein und blieb immer bei der Mutter, die sie selbst mit siebzig noch umherschubste, wie man es auch mit einem Kind nicht tun sollte. Als die Mutter starb, blieb die Tochter recht hilflos zurück, ging jeden Tag – so wie früher zum gemeinsamen Kaffeetrinken – auf den Friedhof. Und die Mutter dachte gar nicht daran, in höhere Astralwelten aufzusteigen, sie blieb in der Aura ihrer Tochter und las ihr weiterhin die Leviten. Sie mischte sich noch immer über die Gedankenkraft in alle Angelegenheiten der Tochter ein.

Die Tochter war mir schon zu Lebzeiten der Mutter höchst introvertiert und schwach vorgekommen. Bis in ihre Körperhaltung hinein, die sehr gedrückt war, wurde spürbar, dass sie nicht zu sich stehen konnte. Und jetzt, nach dem Tod der Mutter, gab es auch keine Befreiung. Die ungesunde Symbiose bestand weiterhin. Wenn die Tochter eines Tages stirbt, dann werden die beiden möglicherweise auch im Jenseits ihr Dasein als eine Art siamesische Zwillinge fortführen. Doch irgendwann werden sie ihre Grundthemen lösen müssen. Es lohnt sich nicht, das aufzuschieben. Nichts kann dauerhaft ungelöst bleiben.

Die Beschäftigung mit dem Jenseits macht auch deutlich, wie wichtig es ist, so früh wie möglich an der eigenen Persönlichkeit zu arbeiten, sich einerseits von den Eltern und von gesellschaftlichen Vorgaben abzunabeln und andererseits den eigenen Kindern zu erlauben, ihren Weg zu gehen. Ich selbst weiß sehr gut, wie schwer gerade Letzteres manchmal sein kann. Hier hilft ebenfalls ein wertvolles Gebet. Wenn du merkst, dass du an einem anderen Menschen festhältst, dann leg die Hand auf dein Herz, atme dreimal tief durch und sage:

> »Ich habe mein Glück in mir gefunden. Ich wünsche dir, dass du dein wunderbares Glück in dir findest. Denn bei mir ist es nicht. Es ist in dir selbst. Und so nimm die Hand deines Schutzengels und folge ihm auf deinem lichtvollen Weg. Ich glaube an dich.«

Die Seelen psychisch Kranker

Von einem Seminarteilnehmer wurde ich einmal nach seinem Bruder befragt. Der war im Alter von Mitte fünfzig recht plötzlich gestorben, nachdem er viele Jahre psychisch krank gewesen ist. Der Seminarteilnehmer hatte neben seiner natürlichen Trauer ein gutes Gefühl. Seinem Empfinden nach ging es dem Bruder im Jenseits gut und er unterstützte ihn auch, indem er für ihn betete und ihm immer wieder seinen Segen schickte. Freunde allerdings verunsicherten ihn und meinten, dass der Bruder wegen seiner psychischen Erkrankung auf der anderen Seite Probleme haben wird.

Auf Anhieb bekam ich keine Informationen zu diesem Bruder, also bat ich in diesem Seminar die geistige Welt um Einsicht:

»Liebe lichtvolle geistige Welt, liebe Engel, bitte zeigt mir das, was sinnvoll und lichtvoll für meine Entwicklung und für die Entwicklung anderer ist. Dafür danke ich.«

Ich schätze dieses Gebet sehr, denn es nimmt den Druck von mir, unbedingt all die Informationen zu bekommen, die die Menschen, die mich um Rat fragen, vielleicht haben wollen. Ich übergebe es an die geistige Welt, denn sie weiß am besten, welche Informationen jetzt für alle Beteiligten wesentlich sind. Wenn sich etwas zeigt, ist es gut. Wenn nicht, dann hat auch das seinen Sinn und ist in Ordnung.

Ich möchte dir gern anhand dieses Beispiels zeigen, wie ich in so einem Fall vorgehe – hier gemeinsam mit der Seminargruppe. Ich leitete die Teilnehmer an, erst einmal ruhig zu werden und ganz bei sich anzukommen. Gerade wenn wir mit jenseitigen Welten arbeiten, ist es wichtig, ruhig und tief zu atmen, um sich nicht zu verlieren. Wir legten unsere Hände auf den Bauch und gönnten uns ganz in Ruhe drei tiefe Atemzüge. Ob die Augen offen oder geschlossen sind, das spielt keine Rolle, denn die hellsichtige Wahrnehmung hängt nicht von den physischen Augen ab. Wir ließen uns Zeit, lächelten uns selbst zu und sprachen mit den Händen vor der Brust noch ein Gebet zur Einstimmung:

»Liebe lichtvolle geistige Welt, liebe Engel, wir bitten um himmlischen Schutz, um Segen und Führung bei all unseren Aufgaben. Bitte zeigt uns stets das, was sinnvoll und lichtvoll ist. Dafür danken wir.«

Ein solches Gebet verleiht Flügel – im Herzen ist Leichtigkeit.

Die Seele des Verstorbenen wurde immer deutlicher sichtbar und auch der Schutzengel gab sich zu erkennen. Es wurde deutlich, dass es der Seele gut ging, doch ihr Schutzengel deutete darauf hin, dass sie noch etwas Unterstützung für ihren Weg ins Licht benötigte. Ich formte mit der Seminargruppe, wie bereits gelernt, Segnungskugeln voller Licht und wir sandten sie der Seele. Wir sprachen intuitiv:

»Liebe Seele, deine Reise auf dieser Erde ist zu Ende gegangen. Doch in der Liebe und in den Gedanken deiner Familienangehörigen wirst du immer weiterleben und immer geliebt sein. Du darfst loslassen und gehen. Nimm die Hand deines Schutzengels und spüre seine Umarmung. Er trägt dich ins Licht. Du brauchst nichts zu tun, lass dich einfach ins Licht tragen. Dort wirst du dich erholen können. In den Händen Gottes wirst du die größte Sicherheit erfahren und die Liebe deiner Mitmenschen wird dich begleiten. Du bist wertvoll und liebenswert, genauso wie du bist. Lass los. Übergib alles Schwere deinen Engeln.«

Berührt und voller Dankbarkeit konnten alle sehen, wie das Licht dieser Seele heller aufleuchtete und allmählich nach oben verschwand. Manche nahmen eine gewisse Kühle auf der Haut wahr – wohl ein Zeichen für das Loslassen. Wir verbeugten uns vor den beiden Brüdern und dankten ihnen für ihr Vertrauen.

Zum Abschluss war es wichtig, dass alle wieder ganz bei sich selbst ankommen. Dass sie ihren Atem spüren, die Bewegungen, die die einströmende und ausströmende Luft im Körper erzeugte, den Boden unter den Füßen.

Nach einer solchen Erfahrung ist es gut, sich etwas zu bewegen und ganz präsent wieder im Alltagsleben anzukommen. Die Liebe und die Berührtheit, die bei den meisten spürbar geworden waren, können uns natürlich weiter begleiten. Sie sind vor allem auch für denjenigen wichtig, der erfahren wollte, wie es der Seele des verstorbenen Verwandten im Jenseits geht. Ihm würde es nicht helfen, wenn ich eine Stunde lang schlaue Sachen erzähle. Er muss spüren, dass es dem lieben Verstorbenen gut geht und seine Seele ins Licht gehen konnte.

Abseits von diesem Beispiel, in dem es der Seele gut ging, sie aber noch etwas Unterstützung brauchte, habe ich viele psychisch kranke Menschen nach ihrem Tod erlebt, die eine Orientierungshilfe benötigt haben. Viele Menschen, die es im Leben schon schwer haben, sich zu orientieren, haben das gleiche Problem auch auf der anderen Seite. Je ängstlicher oder auch aggressiver ein psychisch kranker Mensch war, umso schwerer war für ihn dann auch der Übergang, denn weder Angst noch Aggression können Vertrauen in ihm zulassen. Auch der verstorbene Bruder aus unserem Beispiel wurde für mich etwas verschreckt und zurückgezogen sichtbar, wie in einen Kokon gehüllt. Doch er ist in seiner Güte geblieben und hat sich sein gutes Herz auch nach seinem Tod bewahren können. Deshalb stimmte die Wahrnehmung seines Bruders in unserem Seminar, dass es ihm gut geht.

Dass es einer Seele schlecht gehen muss, weil der Mensch zu Lebzeiten krank war, das ist nur eine Vorstellung. Die Realität sieht oft ganz anders aus. Der Schutzengel dieses verstorbenen Bruders stand groß und leuchtend bei ihm und er versteckte sich ein wenig in seinem Glanz. Er fand Schutz bei ihm, nachdem er sich auf der Erde nie so ganz sicher fühlte. Ein bisschen war es, als wäre er in eine Parallelwelt eingetaucht, um sich gut zu fühlen. Daher waren meine intuitiv gewählten Worte an die Seele genau richtig: »Du brauchst nichts zu tun, lass dich einfach ins Licht tragen.« Dieser Satz löste die große Angst dieser Seele, mit irgendeiner anstehenden Aufgabe überfordert zu sein. Es war ihr Schlüsselwort zur Entspannung, dass sie nichts tun, sondern einfach nur zulassen musste. Sie fasste Vertrauen und wurde dann ganz schnell vom göttlichen Licht aufgesogen.

Von diesem Beispiel inspiriert kam kurz darauf übrigens eine andere Seminarteilnehmerin zu mir, um mir von ihrer Schwester zu erzählen, die eine dissoziative Persönlichkeitsstörung hatte und relativ früh starb. Seit zwei Jahren nun spürte ihre Schwester sie bei sich. Das hatte sie nie gestört, sie hatte eher ein liebevolles Gefühl dabei. Doch als sie nun hörte, dass jede Seele ins Licht gehöre, war sie unsicher geworden. War es richtig, diese Schwester einfach bei sich zu lassen, in der irdischen Ebene? Wir hielten gemeinsam nach der Schwester Ausschau und tatsächlich entdeckte ich sie in der Aura der Frau. Dort hockte sie zusammengekauert und ganz still. Wie versteckt vor dem Leben draußen. Wir nahmen Kontakt zu ihr auf und konnten sie schließlich dazu bewegen, Vertrauen zu den liebevollen Engeln um sie herum zu fassen und die weitere Reise ins Licht anzutreten. Dort würde sie noch besser geschützt sein als in der Aura ihrer Schwester. Mit diesem Wissen konnte sie loslassen und während sie ihren Weg hinauf antrat, durfte sie auch im Bewusstsein behalten, dass die Liebe ihrer Schwester sie weiterhin begleiten würde.

Wenn uns Seelen Verstorbener krank machen

Kurz möchte ich auf dieses Thema eingehen, da es zwar sehr selten ist, aber dennoch zu unserem großen Themengebiet gehört. Auch hier stoßen wir auf das Gesetz der Resonanz, denn auch hier gilt: Jemand, der jemanden festhält, braucht jemanden, der sich festhalten lässt. So passiert es in abhängigen Beziehungen auch zu Lebzeiten. Wieder einmal habe ich hierzu eine sehr spannende Erfahrung machen dürfen, die ins Reich der Seelen hinüberreicht. Es war ganz am Anfang der Zeit, in der ich begann, meine Berufung zu leben. Damals kam eine ältere Dame zu mir in die Naturheilpraxis, in der ich damals tätig war. Sie war sehr elegant gekleidet, sehr schick, eine wundervolle Erscheinung. Dabei war sie witzig und strahlte fast immer. Alles an ihr wirkte lebensbejahend. Zu uns war sie gekommen, weil sie von einem Tag auf den anderen kaum noch auf die Beine kam. Niemand konnte ihr sagen, was mit ihr los war. Sie hätte den ganzen Tag schlafen können und erkannte sich selbst kaum wieder. Alle medizinischen Werte waren in Ordnung und so habe ich in einem Gespräch versucht herauszufinden, welche Ursache noch dahinterstecken könnte.

Es stellte sich heraus, dass sie ihren Partner über eine lange Zeit gepflegt hatte und er nun gestorben war. Das war für sie völlig in Ordnung, sie hatten sich beide lange darauf vorbereiten können und der Tod war für den Mann dann eher eine Erlösung gewesen. Sie hatte sich danach sogar darauf gefreut, nun endlich wieder richtig leben zu können und sich noch ein paar Träume zu verwirklichen.

Ich schaute nach ihrem verstorbenen Partner und sah, dass er direkt vor ihr war. Wenn jemand vor uns steht, dann bedeutet das, dass er unseren Weg in die Zukunft blockiert. Ich wunderte mich, dass er sehr beschäftigt wirkte. Als ich genauer hinsah, bemerkte ich, dass er die ganze Zeit an ihrem Solarplexus-Chakra im Magenbereich drehte. Dieses Chakra beinhaltet unsere Lebensenergie, die wir für die aktuelle Inkarnation brauchen. Und so wie er es drehte, wurde diese Energie schnell und schneller verbraucht. Sie floss der Frau nur so davon. Kein Wunder, dass sie sich derartig geschwächt und krank fühlte.

Ich sprach den Mann an: »Was machst du da?« Er wurde sofort aggressiv, zischte, dass mich das nichts angehen würde und dass seine Frau ihm gefälligst schnell nachzufolgen habe. Er wirkte auf mich wie ein höchst respektloser Charakter.

Als ich der Frau meine Beobachtung schilderte, nickte sie: »Ja, das ist mein Partner. So ist er.« Und so war er auch die ganze Zeit, während der sie ihn pflegte. Gegen Ende hätte er sogar sehr oft gesagt, dass er nicht ohne sie gehen würde und dass sie ihm bald nachfolgen müsse. Doch die Frau hat das nicht ernst genommen.

Ich sagte der Seele, sie solle ins Licht schauen und den Engeln folgen. Doch ich hörte wieder nur, dass mich das alles hier nichts angehe. Er ging sogar energetisch auf mich los. Wenn er in einem physischen Körper gewesen wäre, hätte er auf mich eingeschlagen. Ich fragte schließlich Erzengel Michael um Rat, denn ich wusste damals noch nicht, was ich mit so einer widerborstigen Seele anstellen könnte. Michaels Kraft ist vor allem purer Schutz. Und was erfuhr ich an diesem Tag von ihm? Er lehrte mich das Gesetz der Resonanz, indem er mir klarmachte, dass diese Frau ihren Mann loslassen musste, um sich von ihm zu befreien und seiner Seele den weiteren Weg zu ermöglichen.

Ich fragte die Frau, ob sie denn tatsächlich sterben und ihm nachfolgen wolle. Sie verneinte das vehement, doch sie hatte nicht die Kraft, sich gegen ihren Mann aufzulehnen. Ich schrieb ihr das Vergebungsgebet auf, das gleichzeitig auch eine Unterstützung beim Loslassen ist, und empfahl ihr, es dreimal am Tag in

Ruhe zu sprechen. Eine Woche später erzählte sie mir, dass bei ihr irgendwann beim Beten ein Gefühl der Wut aufgekommen war. Sie schlug richtiggehend mit der Faust auf den Tisch und sagte zu ihrem verstorbenen Mann: »Jetzt ist Schluss damit. Es ist mein Leben! Ich habe genug für dich getan. Jetzt kümmere ich mich um mich.«

Endlich kam ihre Seelenstärke zum Vorschein. Ihr freier Wille wuchs und wurde ihr bewusst. Ich sah, dass ihr Mann jetzt schon ca. zwei Meter entfernt von ihr war, das war ein großer Fortschritt, auch wenn er immer noch vor ihr stand. Sie sprach eine zweite Woche lang dreimal täglich das Gebet und ihre Entschiedenheit wurde immer klarer. Als sie dann wieder zu mir kam, war ihr Mann schon so weit von ihr entfernt, dass sich Erzengel Michael mit seiner Energie zwischen die beiden stellen konnte. Ihr Partner konnte nicht mehr an ihr haften, er fiel von ihr ab und Erzengel Michael konnte ihn in seine Energie einhüllen und zur Seite nehmen. Ins Licht ging seine Seele noch nicht sofort, aber auch er kann nun seinen Weg finden. Immerhin aber war er nun in der neutralen Astralebene so weit von seiner Frau entfernt, dass er in ihrem Leben keine Rolle mehr spielte. Die Frau blühte auf und bekam mehr Kraft und Lebensfreude denn je.

Ich möchte noch einmal betonen, dass solche Fälle wirklich selten sind. In der esoterischen Szene neigen viele Menschen dazu, alles, was sie nicht gelöst bekommen, auf irgendwelche Verstorbenen zu schieben. Aus meiner Erfahrung liegen sie damit in den meisten Fällen falsch. Oft müssen wir einfach nur in den eigenen psychischen Tiefen nachschauen, um das Ungelöste in uns zu finden und schließlich zu transformieren. In den seltensten Fällen sind da Seelen Verstorbener mit am Werk.

Aber natürlich gibt es diese Fälle, in denen ein Verstorbener das ganze Umfeld noch einmal so richtig durcheinanderwirbeln kann. Wie dir viele Beispiele, die ich hier wiedergebe, zeigen, geht es dann aber auch fast immer darum, dass die Hinterbliebenen in ihre Eigenverantwortung hineinwachsen und emotional auf die eigenen Beine zu stehen kommen. So auch in einem recht merkwürdigen Fall einer anderen Dame, die mich aufsuchte. Sie stammte offensichtlich aus »gutem Hause«, war immer tadellos gekleidet und legte gepflegte Manieren an den Tag. Ihr Vater war kürzlich gestorben, hatte einige Kinder und ein großes Unternehmen hinterlassen. Die Geschwister waren miteinander harmonisch, während sie ihren Vater als sehr aggressiv und zornig beschrieben. Sie aber hatten immer gegen ihn zusammengehalten.

Seit seinem Tod jedoch hatte sich das Blatt gewendet. Obwohl man das Erbe recht klar hätte aufteilen können, begannen die Geschwister zu streiten. Sie waren plötzlich wie im Krieg miteinander. Als ich mir das Ganze energetisch ansah, sah ich den verstorbenen Vater mitten im Raum, wo er seine erwachsenen Kinder nacheinander aufs Übelste beschimpfte. Seine wütenden Energien wirbelten alles durcheinander und die Geschwister konnten offenbar nicht anders, als seine Aggressionen gegeneinander auszuleben. Dieser Vater war wütend, dass er so frühzeitig bei einem Unfall ums Leben gekommen war. Er hing sehr an seinem Besitz und die jenseitigen Welten interessierten ihn überhaupt nicht. Vielmehr machte es ihn wütend, dass seine Kinder nun seine Reichtümer unter sich aufteilen sollten.

Als ich das meiner Klientin erzählte, verwunderte es sie überhaupt nicht. Sie erkannte ihren Vater in dieser Beschreibung genau wieder. Einmal mehr ging es darum, dass sie und ihre Geschwister nun erwachsen werden würden. Sie mussten die Verantwortung für ihre Gedanken und Gefühle übernehmen, ihre eigenen Werte definieren und einander die Hand reichen. Bislang waren sie kopflos durchs Leben gelaufen und hatten sich unbewusst vom Vater beeinflussen lassen. Nun wurde es Zeit, zu sich selbst zu stehen und sich vom Vater abzugrenzen. Sein irdisches Leben war vorbei und er hatte bei ihnen nichts mehr zu suchen.

Während ich genau darüber sprach, sah ich in den Augen dieser Frau, dass sie noch nicht so weit war. Für sie waren die Begriffe Eigenverantwortung, eigene Werte, Abgrenzung vom Vater wie aus einer anderen Welt. Das ist auch kein Wunder, wenn man bedenkt, was für eine Prägung sie in ihrem bisherigen Leben erhalten hatte. Wir können uns nicht von heute auf morgen aus solchen Mustern lösen. Sie würde sicherlich noch eine Zeit brauchen, um ganz in ihr Selbstbewusstsein und ihre Eigenständigkeit zu finden. Doch einen ersten Impuls hatte ich sicherlich gesetzt.

Mit einem letzten kurzen Beispiel möchte ich diesen Bereich abschließen und nochmals mit einer aus meiner Erfahrung völlig falschen Vorstellung aufräumen, die in vielen esoterisch geprägten Köpfen vorherrscht. Eine Seminarteilnehmerin erzählte mir, dass ihre Eltern einen Gast hatten, der sich plötzlich nicht wohlfühlte und den ihr Vater kurz darauf tot in seinem Bett auffand. Herzversagen. Intuitiv zündete die Seminarteilnehmerin, als sie davon erfuhr, eine Kerze an und sprach das Gebet für die Seele dieses Mannes, dass sie sich ins Licht und zu ihren Engeln hinwenden möge. Nun aber passierte es, dass die Tochter dieses Mannes angereist kam, um sich um die nun nötig gewordenen Belange zu kümmern. Bald bekam sie starke Schmerzen in den Armen und den Beinen, die über längere Zeit kein Arzt abklären konnte. Auch der Vater meiner Seminarteilnehmerin, der den Toten aufgefunden hatte, klagte plötzlich über Schmerzen.

Die Frage war nun, ob sich eine Seele aufteilen und mehrere Menschen gleichzeitig »besetzen« könne. Ich antworte hier mit einem ganz klaren Nein. Es ist eine weitverbreitete, aber nicht richtige Vorstellung, dass sich die Seele aufspalten könne. Die

Schmerzen bei beiden können die unterschiedlichsten Ursachen haben. Wahrscheinlich ist aus meiner Sicht, dass die Tochter den Schock über den plötzlichen Tod ihres Vaters in ihrem Körper festgehalten hatte. Unser Körper dient oftmals als ein Ventil für das, was wir emotional nicht verarbeiten können. Wir tragen es dann auf der physischen Ebene aus. Der Vater hingegen hat ebenfalls einen Schock erlebt, indem er seinen Gast tot bei sich auffinden musste. Auch das kann sich natürlich in Schmerzen niederschlagen. Wir sollten nicht alles den Toten in die Schuhe schieben, was wir uns nicht gleich erklären können.

Die Information der Seele kann überall gleichzeitig sein. Die Seele jedenfalls erlebt keine Abspaltung. Sie ist immer ein Ganzes. Wenn wir durch eine traumatische Erfahrung unser emotionales Herz verschlossen haben, kann es sein, dass wir nicht mehr zu all unseren Gefühlen einen direkten Zugang finden. Dann aber haben wir uns von unseren Emotionen entfernt. Die Seele ist allzeit ein Ganzes.

Energisch den eigenen Willen kundtun

Ich weiß aus der Arbeit mit vielen Menschen, dass die Gebete, die ich dir auch hier in diesem Buch vorstelle, sehr wirksam sind. Dennoch wirst wahrscheinlich auch du manchmal unsicher sein, ob eine Seele, die du mit deinen Worten ins Licht geschickt hast, auch tatsächlich dorthin gegangen ist. Manchmal können wir das nicht eindeutig spüren, da zu viel Wunsch und zu viel Vorstellung mit dabei sind. Es geht ja hier nicht nur um Seelen von lieben Verstorbenen, die wir aus ganzem Herzen verabschieden und in die lichtvolle geistige Welt entsenden. Es geht hier auch um Geister, die in der irdischen Ebene verhaftet sind und damit einen Ort oder einen Menschen in eine Schwere hüllen, die wir gern auflösen wollen.

Hier kommt der freie Wille von uns Menschen ins Spiel und die Tatsache, dass jedes geistige Wesen diesen freien Willen achten muss. Die Engel müssen ihn achten und dich gegebenenfalls in eine schädliche Richtung laufen lassen, wenn du sie nicht um Hilfe bittest, sondern einfach mit deinem Sturkopf losläufst. Aber auch irgendwelche Quälgeister, die ihren Weg ins Licht noch nicht gefunden haben, müssen deinen freien Willen achten, wenn du sie von einem Ort wegschickst. Eine Seele allerdings, die aus ihrem früheren Leben Macht und Dominanz gewohnt war, wird nur über dich lachen, wenn du halbherzig vorgehst. Eine solche Seele spürt es, wenn du dem, was du sagst, selbst nicht vertraust und sie aus einer Position der Schwäche und der Kleinheit heraus quasi anbettelst. Das wird nicht funktionieren. Wenn du allerdings mit voller Überzeugung und unverhandelbar zu ihr sagst, sie solle ihren eigenen Weg gehen, dann muss sie es tun. Natürlich bleiben wir dabei in der Liebe, aber es kann durchaus manchmal so eine Schwingung von »Basta, so wird es jetzt gemacht und keine Diskussion!« mit dabei sein.

Wie gesagt, das ist vor allem wichtig, wenn es um Seelen Verstorbener geht, die dich bremsen und auf irgendeine Weise belasten oder mit denen du es auch schon im Guten versucht hast. Da kann eine ganz klare Ausstrahlung das Entscheidende sein. Eine Haltung von: »Mein Weg geht nach vorn. Nichts, was nicht zu mir gehört, hat bei mir etwas zu suchen.« Hier geht es um Selbstbestimmtheit und um die Haltung eines erwachsenen Menschen, der weiß, was er will und was er nicht will. Das alles kann in Liebe geschehen, aber klar und unverrückbar.

Probier es ruhig einmal aus. Setz oder stell dich aufrecht hin und spüre ganz bewusst den Kontakt zum Boden. Dann atme dreimal tief in deinen Bauch ein und wieder aus. Sei ganz bei dir und spüre deine Kraft. Und dann sagst du liebevoll, aber bestimmt:

> »Schau nach oben ins Licht und folge deinen Engeln. Gottes Liebe erfüllt meine Seele. Alles andere lasse ich los. Alles andere lasse ich gehen. Liebe Seele, schaue nach oben ins Licht und folge den Engeln.«

Amen. Zack, zack, finito. Durchatmen. Abhaken.

Mit dieser Energie ist das Gebet absolut wirksam. Mit dieser Entschlossenheit bist du wie ein Fels in der Brandung. Denn letztlich geht es nicht um die Worte, die wir sagen, sondern um die Energie, die damit verbunden ist. Es ist die Resonanz, die du in die Welt gibst. Es ist gar nicht so viel anders als in einem Gespräch, in dem es um deine Gehaltserhöhung geht. Wenn du zaghaft und übermäßig höflich fragst, dann lacht dich dein Chef nur aus. Du stehst dann unter ihm und bist nicht in deinem freien Willen. Freier Wille heißt, dass du voller Souveränität um das bittest, was du möchtest und von dem du weißt, dass es dir zusteht. Auch hier ist also – getreu der alten Weisheit »Wie oben, so unten, wie innen, so außen« – das Erfolgsrezept eine klare Haltung. Atme in den Bauch hinein, spüre dein klares liebevolles Gefühl für dich selbst und das, was du willst. Und dann kannst du sagen: »Lieber Chef, auch in diesem Jahr habe ich viel geleistet. Ich bin seit einigen Jahren gut eingearbeitet und sicherlich eine wertvolle Kraft in diesem Unternehmen. Die Lebenshaltungskosten steigen und ich denke, dass es Zeit wird für eine Anpassung meines Gehalts. Lassen Sie uns darüber sprechen. Wann haben Sie Zeit dafür?«

Ähnlich ist es mit der Sorge, dass sich ein Geistwesen, eine Seele an dich heften könnte. Jemand, wer auch immer es ist, ob lebendig oder tot, der sich an jemandem festhalten will, braucht jemanden, der das zulässt. Wenn dein freier Wille sagt, dass du das nicht möchtest, dann hat kein geistiges Wesen die Möglichkeit, an dir zu haften. Diese Klarheit aber, diese gesunde Abgrenzungsfähigkeit, die haben die meisten Menschen nicht. Wir wollen gefallen und so lassen wir zu, dass andere an uns ziehen und zerren – eben auch die Seelen Verstorbener. Eine reife Persönlichkeit lässt das nicht zu. Sie nutzt ihren freien Willen. Du kannst jederzeit sagen:

> »Wenn du in reiner Liebe bist, darfst du bleiben. Wenn du nicht in reiner Liebe bist, musst du dorthin zurückgehen, wo du herkamst. Oder du schaust nach oben ins Licht und folgst den Engeln.«

Hierfür braucht es die Klarheit wie bei jeder erfolgreichen Verhandlung.

Angst vor Geistern?

Es ranken sich viele Gruselgeschichten um Geister, um Seelen von Verstorbenen. Natürlich sind uns diese Ebenen so fremd, dass sie uns erst einmal beunruhigen können. Menschen, die in der Sterbebegleitung tätig sind, dort vielleicht in einer Nachtschicht allein auf der Station einen Tod miterleben, können in dieser Stimmung durchaus Furcht empfinden. Letztendlich aber »spukt« es vor allem in unserer Vorstellung, die geprägt ist von allen möglichen Filmen und Geschichten. Ich kann heute mit Sicherheit sagen, dass wir keine Angst vor Geistern haben müssen. Als Kind hatte ich enorme Angst vor ihnen, weil ich nicht erwachsen war, keinen Schutz hatte und mir selbst nicht zu helfen wusste. Ich war nicht geerdet und fühlte mich nicht geschützt, mir fehlte es an einer gesunden Selbstliebe und an Vertrauen in die lichtvolle geistige Welt. Wenn du das Wissen aus diesem Buch in dir trägst und es nutzt, dann kann dir nichts passieren. Letztlich kann dir auch so nichts passieren – außer deiner eigenen Angst. Sie ist das, was uns wirklich leiden lässt.

Du kannst die hier vorgestellten Gebete nutzen und dich jederzeit an deine Engel wenden, wenn du mit den Seelen Verstorbener in Kontakt kommst. Dadurch gelangst du in deine Souveränität und weißt, was zu tun ist. Genau das fehlte mir als Kind – für mich waren diese zahllosen unerlösten Seelen eine Plage, denn ich konnte es nicht abschalten, dass sie um mich herum waren. Ich konnte nichts tun. Nicht einmal darüber sprechen durfte ich. Einzig bei meiner Urgroßmutter fand ich Trost und sie sagte mir schließlich auch diesen bedeutsamen Satz: »Janotschka, wenn du schon Angst haben willst, dann hab lieber Angst vor den Lebenden.« Als ich sie fragend anschaute, erklärte sie mir: »Ein Lebender kann dir ein Messer in den Bauch stoßen, ein Toter kann das nicht.« Die Seele eines Verstorbenen kann dir physisch nichts antun, vielleicht spürst du ein wenig Kälte oder du erschrickst. Aber gefährlich ist es nicht – außer jemand hat psychische Erkrankungen, gar keine Abgrenzungsfähigkeit und verliert den Bezug zur Realität. Dann kann er sich in diesen Welten komplett verirren.

Mein liebstes Schutzgebet möchte ich dir hier noch einmal wiederholen. Du kannst es jederzeit sagen, wenn du dich von irgendetwas oder irgendjemandem – ob tot oder lebendig – bedroht oder beeinträchtigt fühlst. Es wirkt, weil jedes geistige Wesen unseren freien Willen achten muss. Du musst es nur klar formulieren und das tust du mit diesen Worten:

»Wenn du in reiner Liebe bist, darfst du bleiben. Wenn du nicht in reiner Liebe bist, musst du dorthin zurückgehen, wo du herkamst. Oder du schaust nach oben ins Licht und folgst den Engeln.«

Wenn eine Energie verschwindet, dann war sie nicht in reiner Liebe und du hast deine Ruhe zurück. Wenn sie aber bleibt, dann kannst du davon ausgehen, dass es eine liebevolle Energie ist, vielleicht sogar ein Engel. Auch sie fühlen sich für manche von uns am Anfang so ungewohnt an, dass wir vielleicht nicht unterscheiden können, ob sie liebevoll sind oder eher nicht. Wir müssen erst unsere Erfahrung damit machen. Dieses Gebet hilft dir also auch, Energien und Wesenheiten unterscheiden zu lernen.

Es kann auch gut sein, dass ein liebevolles und erlösendes Gefühl zurückbleibt. Das kann bedeuten, dass du einer Seele bei ihrer Erlösung geholfen hast.

Auch die folgenden Worte kannst du sprechen:

»Göttliche Liebe erfüllt meine Seele. Alles Dunkle muss mich verlassen. Ich lasse es los. Lieber Engel, bitte beschütze mich mit deinem Licht.«

Gebete sind für mich die direkte Brücke nach oben. Es ist so einfach, damit zu arbeiten. Daher findest du in diesem Buch auch einige davon, die dir in den unterschiedlichsten Lebenssituationen und speziell im Umgang mit Tod und Sterben helfen können.

Der Weg der Seele nach dem physischen Tod

Lass uns einmal genauer betrachten, was den Seelen nach dem Tod auf der physischen Ebene widerfährt. Immer wieder habe ich die erstaunlichsten Geschichten bei ihnen miterlebt. So kam beispielsweise einmal eine Frau zu mir, deren Sohn fünf Jahre zuvor mit Mitte zwanzig bei einem Motorradunfall ums Leben gekommen war. Sie hatte immer noch das Gefühl, dass mit ihm etwas nicht stimmte. Ihr war, als sei er immer noch da. Ich suchte nach seiner Seele und tatsächlich entdeckte ich sie am Unfallort. Mit einem entspannten Gesicht saß er auf seinem Motorrad, ganz im Gefühl der Freiheit, das ihm dieses Hobby immer gegeben hatte. Die Mutter bestätigte, dass ihm das Motorradfahren das Größte war. Seit fünf Jahren hatte er es also weiterhin genossen, nicht bemerkend, dass er gestorben war.

Er sah so glücklich aus, dass ich kurz überlegte, ob ich ihn nicht einfach weiterhin in seiner Illusion lassen sollte. Doch dann sah ich seinen Schutzengel an seiner Seite, der mir das Zeichen gab, ich soll ihn nach oben schicken. Er sollte also geweckt werden, denn jede Seele gehört ins Licht. Ich nahm Kontakt zu dem jungen Mann auf und sagte: »Hallo, tut mir leid, ich möchte dir nicht die gute Stimmung verderben, aber es ist etwas passiert.« Erschrocken drehte er sich zu mir hin und ich sagte: »Schau mal, es ist schon fünf Jahre her und wenn es dir die ganze Zeit gut ging, dann brauchst du jetzt auch nicht zu erschrecken. Du hattest einen Unfall und bist dabei gestorben. Du hast es offenbar bisher noch gar nicht realisiert. Deinen Hinterbliebenen geht es so weit gut. Du kannst also weiterhin in deiner Freude bleiben. Schau zu deinen Engeln und geh ins Licht.«

Er sah zu seiner Mutter, merkte, dass es ihr wirklich gut geht, und war bereit weiterzuziehen. Er fragte mich, ob er mit dem Motorrad ins Licht fahren dürfe. Natürlich war das okay und so startete er die Maschine in Richtung Himmel. Als ich das seiner Mutter beschrieb, musste sie schmunzeln, denn es war so typisch für ihn.

Dieses Beispiel zeigt auch sehr schön, dass wir immer mit dem Gefühl über die Schwelle gehen, das wir am Ende unseres Lebens hatten. Dieser junge Mann hatte voller Glück auf seinem Motorrad gesessen – und dieses Glück war nach seinem Tod weiterhin in ihm. Sein Tod war so plötzlich gekommen, dass er ihn gar nicht bemerkt hatte.

Es ist oft so, dass ein Unfalltod nichts mit dem Seelenplan zu tun hat, sondern eher mit technischem oder menschlichem Versagen. Wenn ich beispielsweise etwas von einem Flugzeugabsturz höre, dann schicke ich auch dort eine Segnungskugel hin und spreche zu den Seelen:

»Schaut nach oben ins Licht und folgt den Engeln.«

Meist sind die Seelen froh, dass sie eine Orientierung bekommen. Denn unabhängig von ihrem Seelenplan finden sie sich plötzlich in diesem Schicksalsstrom, der ihnen diesen Flugzeugabsturz, ein Eisenbahnunglück oder auch einen Krieg mitten ins Leben gesetzt hat. Je weniger Seelen am Unglücksort verhaftet bleiben, umso lichtvoller kann natürlich auch dieser Ort wieder werden. Auch die Situation kann sich eher klären und damit nicht zuletzt für die Hinterbliebenen viel leichter darstellen, wenn die Seelen ihren Weg ins Licht finden.

Einmal ging ich mit einer Freundin spazieren und wir sahen, dass an einer Straßenecke ein Unfall passiert war. Ein Fahrradfahrer lag auf der Straße, der Krankenwagen war gerufen, ausreichend Helfer waren vor Ort. Natürlich spürte man die Stimmung des Erschreckens und der Sorge. Im Vorbeigehen habe ich schnell eine Lichtkugel geformt, an diesen Ort geschickt und dabei gesagt:

> »Mögen die betroffenen Menschen Vertrauen fassen,
> mögen die Engel auf sie achtgeben und möge sich alles
> zum Guten entwickeln.«

Sofort wurde die Energie heller und meine Freundin meinte: »Das war aber interessant, was du gemacht hast. Die Situation ist da und du erschaffst einfach eine gute Energie und bittest die Engel dazu.« So mache ich das, ich bin keine Ärztin und keine Krankenschwester, genügend Helfer waren vor Ort und den Notarztwagen hörte man auch schon. Was ich hier tun konnte, war, gute Energie zu schicken, damit sich die Menschen vom Schreck erholen und die direkt Betroffenen möglichst schnell heilen können.

Allein mit den Gebeten aus diesem Buch können wir so viel heilen und so viel Gutes tun. Nicht einmal am Sterbebett eines Menschen sind uns die Hände gebunden. Immer können wir in unserer Liebe etwas tun, ganz unauffällig und still. Auch einem Sterbenden können wir eine solche Lichtkugel schicken, um ihm seinen weiteren Weg leichter werden zu lassen. Und je leichter dieser Weg für ihn wird, umso leichter wird es auch für die Hinterbliebenen. Die lebenserhaltenden Maßnahmen der Medizin mögen in vielen Fällen sinnvoll sein. Doch sie sind nicht alles. Wenn ein Mensch gestorben ist oder unweigerlich sterben wird – und das werden wir alle einmal –, dann ist er nicht verloren. Dann geht es auf der anderen Seite weiter und es ist wichtig, ihm den Weg dorthin so leicht wie möglich zu machen.

Das bringt mich zu einer häufig gestellten Frage, wenn es um das Jenseits geht. Wann immer ich das Thema anspreche, brauche ich auf diese Frage nur zu warten. Wenn jemand palliativ betreut wird und beispielsweise Morphium erhält, hat das dann einen Einfluss auf sein Bewusstsein, wenn er im Jenseits ankommt? Die Medikamente unterdrücken ja in dieser letzten Lebensphase sehr stark sein Bewusstsein. Wie nimmt er sich dann im Jenseits wahr, kann diese Seele sich dort überhaupt orientieren oder bleibt sie in einem dämmrigen Zustand?

Aus meiner Sicht ist es kein Nachteil, wenn ein Mensch Schmerzmittel oder andere medizinische Mittel vor seinem Tod bekommen hat. Natürlich dämmen sie unter Umständen sein Wahrnehmungsvermögen, gleichzeitig aber helfen ihm die Mittel, schmerzloser und damit entspannter auf die andere Seite zu gehen. So wie ich es sehe, braucht die Seele dann im Jenseits einige Tage, um sich wieder zu orientieren, bis die Erinnerung an diesen dumpfen Zustand verblasst. Nach dieser Phase ist die Seele wieder genauso gestimmt und in ihren vorherrschenden Emotionen, wie sie es vor ihrem Tod war, nur ohne Schmerzen. Aus meiner Sicht wäre es sehr viel grausamer, einem Menschen die Schmerzlinderung zu verweigern und zu glauben, dass er alles fühlen und bewusst wahrnehmen müsse, um den Übergang gut zu meistern. Die Medikamente schaden der Seele nicht.

Was passiert direkt nach dem Tod?

Wenn man einen Geistlichen fragt, was nach dem Tod passiert, kommt meistens die typische Antwort: »Das weiß ich nicht. Das weiß niemand. Aber wir können alle darauf vertrauen, dass Gott sich unserer Seelen annimmt.« Mit dieser allgemeingültigen Antwort scheint alles gesagt und mehr kommt hierzu auch meistens nicht.

Wenn man mich fragt, was nach dem letzten Atemzug passiert, würde ein ganzer Tag nicht dafür ausreichen, dass ich alles sagen könnte, was ich dazu erfahren habe und weiß. Wir können eine Menge darüber wissen und es ist aus meiner Sicht enorm wichtig, sich um dieses Wissen auch zu bemühen. Denn wie sonst könnten wir Sterbenden oder Trauernden oder nicht zuletzt auch uns selbst die Ängste nehmen und Trost spenden?

Ich habe mein ganzes Leben lang mit meiner Hellsichtigkeit sehr außergewöhnliche Erfahrungen mit den jenseitigen Welten gemacht und habe mir über Jahrzehnte hinweg ein klares Bild von den seelischen Zyklen erarbeiten können, das ich seit vielen Jahren auch an andere weitergebe. Es ist in sich absolut stimmig und konnte auch nur deswegen schon so vielen Menschen helfen – bei Heilungsprozessen genauso wie in der Trauer und im Übergang auf die andere Seite. Gleichzeitig ist es natürlich so, dass die allermeisten Menschen meine Wahrnehmungen nicht direkt überprüfen können, da diese Art von Hellsichtigkeit, wie ich sie habe, recht selten, vielleicht sogar einmalig ist. Überprüfen kannst du alles, was du hier (und anderswo) findest, indem du darauf achtest, ob es nachvollziehbar, umsetzbar und liebevoll ist.

Was also geschieht nach dem Tod? Mit dem letzten Atemzug wird der Atem Gottes, die Seele ausgehaucht. Der Herzstillstand ist eingetreten, die Seele verlässt den Körper, befindet sich noch auf unserer Ebene, aber im feinstofflichen Bereich. Das können mir Pflegekräfte in Krankenhäusern, Altenheimen oder Hospizen, aber auch viele andere Menschen, die einem Sterben beigewohnt haben, bestätigen. Sie sehen, dass da der Körper liegt, aber nicht mehr derselbe ist, während da im Raum noch etwas ist. Er ist noch da, dieser Mensch, und oft haben die Anwesenden das Bedürfnis, ein Fenster zu öffnen, damit dieses Etwas, die Seele, den Raum verlassen kann. Sobald die Seele aus dem Körper heraus ist, befindet sie sich auf der »neutralen Astralebene«. Dort hält sie sich eine Zeit lang auf, manchmal nur wenige Stunden oder Tage, es können aber auch Monate und Jahre sein wie bei den schon beschriebenen Seelen, die an ihrem Unfallort, auf dem Friedhof oder in der Aura eines Angehörigen bleiben oder vielleicht einen sehr großen Machtanspruch haben und ihren weiteren Weg nicht antreten wollen oder können. Ihnen fehlt das Bewusstsein dafür, dass es »hinterm Horizont« weitergeht. Sie bleiben auf der Ebene, die sie kennen. Es muss ihnen dabei nicht schlecht gehen, aber natürlich erleben sie nicht die Freuden des Nachhausekommens in den himmlischen Sphären.

Während sich die Gegenwart eines Engels immer warm anfühlt, spürt man die Gegenwart der Seele eines Verstorbenen meist eher kühl. Sie kann kurz nach ihrem Tod noch gänzlich unbewusst sein. Menschen, die ohne jeden Glauben und ohne jede Spiritualität gelebt haben, gehen meist davon aus, dass nach ihrem Tod nichts mehr ist, dass dieser ein völliges Ausgelöschtsein bedeutet. Dass sie wie im Tiefschlaf einfach nichts bemerken. Dass sie »weg« sind. Nach ihrem Hinübergehen müssen sie sich mehr oder weniger lang sortieren, um einordnen zu können, dass da doch noch etwas ist und was genau. Um sich diese Verwirrtheit der ersten Zeit nach dem Tod zu ersparen, ist es so wichtig, sich schon zu Lebzeiten des Trostes und der Unterstützung der lichtvollen geistigen Welt zu vergewissern.

Irgendwann, es kann Stunden, Jahrzehnte, Jahrhunderte oder auch Jahrtausende dauern, Zeit spielt auf diesen Ebenen keine Rolle, beginnt ein Erwachen. Die Seele kommt zu Bewusstsein und beginnt zu hinterfragen, was geschehen ist. Das ist ein bisschen so, wie es wahrscheinlich viele vom Liebeskummer kennen. Der kann uns ein paar Tage oder auch Monate beschäftigen, in denen wir immer in der gleichen elendiglichen Schleife hängen. Und dann kommt eines Tages der Moment, in dem wir aufwachen. Jetzt wollen wir das Tal der Tränen verlassen und endlich wieder unser Leben und unser Glück an die erste Stelle setzen.

Beim Liebeskummer wie beim Erwachen der Seele in der jenseitigen Welt lässt sich dieser Prozess durch Segnungen und Gebete unterstützen. Dann kann die Seele wieder so klar werden, dass sie plötzlich weiß: Es muss noch mehr geben. Sie hebt ihren Blick und erkennt, dass es über ihr licht ist und liebevolle Energien auf sie warten.

Solange sie auf der neutralen Astralebene ist, befindet sie sich wie im Nebel. Es gibt keine Struktur und keine Orientierungshilfen. So muss die Seele aufgrund ihrer eigenen Schwingung entscheiden, wohin sie sich wenden wird: nach unten, entsprechend der Schwere ihrer Emotionen, oder nach oben, wo sie Licht und Liebe aufnehmen werden. Es ist eine Frage der Resonanz.

Das ist genauso wie im Leben. Wir nehmen das wahr und ziehen das zu uns, was unserer eigenen emotionalen und auch mentalen Schwingung entspricht. Deswegen sage ich so gern: An Wundern mangelt es dieser Welt wahrlich nicht, aber an der Fähigkeit, sie wahrzunehmen, sehr wohl.

Es kann eine Seele in die untere Astralwelt ziehen, deren tiefste Ebene wir Hölle nennen. Wie schon beschrieben ist es aber kein Ort, an dem jemand bestraft wird, sondern das Feld der eigenen negativen emotionalen Schwingungen, mit dem solche Seelen dann auch ähnlich aggressive, hasserfüllte oder von schweren Emotionen geplagte Seelen anziehen. Sie schaffen sich dann selbst und gegenseitig eine Hölle – wie das ja auch viele Menschen bereits zu Lebzeiten auf der Erde tun. Das »Jüngste Gericht« spielt sich ausschließlich in uns ab.

Suizid = Hölle? Nein!

Um die Hölle ranken sich sehr viele Mythen und Unwahrheiten. Dazu gehört der weit verbreitete, aber veraltete Glaube, dass jeder Mensch, der Suizid begangen hat, automatisch in die Hölle kommt. Das stimmt nicht. Es ist ein Aberglaube. Und vor allem ist es schmerzhaft für die Angehörigen, wenn sie in ihrer ohnehin schon besonders heftigen Form der Trauer so etwas zu hören bekommen.

Wenn sich ein Mensch das Leben genommen hat, findet er sich zunächst wie alle anderen in der neutralen Astralebene wieder, wo er die Möglichkeit hat, sich mit seinen Emotionen auseinanderzusetzen. Er hat jederzeit die Chance, sich in ein höheres Bewusstsein hineinzuentwickeln. Auf dieser Ebene kann er sich rein emotional klären, frei von allem Physischen und von Sinneserfahrungen. Umso besser geht das natürlich, wenn er von lichtvollen Menschen mit Liebe, Vergebungsgebeten und Segnungen unterstützt wird, die ihm auch helfen, seinen Blick nach und nach ins Licht zu wenden. Diese Gesetzmäßigkeiten gelten für einen Menschen nach einem Suizid genauso wie für jeden anderen, auch wenn er es aufgrund seiner emotionalen Schwere nicht ganz so leicht haben wird. Automatisch zieht es niemanden in die sogenannte Hölle. Wenn wir uns dies bewusst machen, können wir auch viel sensibler mit Hinterbliebenen umgehen, die einen Menschen durch

Suizid verloren haben. Das Dogma sitzt hier sehr tief und es ist gut, wenn es sich endlich lockert.

Ähnliches gilt auch für die nächste Inkarnation eines sogenannten Selbstmörders. Die muss nicht automatisch unter besonders schwierigen Umständen stattfinden. Karma wird hier ganz häufig falsch verstanden – nämlich so, als würde es doch wieder auf einen strafenden Gott hinauslaufen. Den gibt es aber nicht. Die Seele hat jederzeit die Möglichkeit, ihre Emotionen zu klären und sich an die liebevolle Unterstützung der lichtvollen geistigen Welt zu wenden. Natürlich müssen wir alle unsere Hausaufgaben machen. Womit wir uns jetzt nicht auseinandersetzen, das wird uns später wieder beschäftigen. Doch wir haben immer die Chance, unsere Emotionen zu klären und auf eine lichtvolle Spur zurückzufinden. Welchen Weg wir dafür nehmen, das ist höchst individuell und weit vielfältiger, als wir es uns vorstellen können. Jemand, der in einer Inkarnation große Schwierigkeiten mit seinen Emotionen hatte und dann in den Astralwelten einiges an Klärung zulassen konnte, wird im nächsten Leben vielleicht sogar Psychologe, um sich ein Leben lang intensiv mit dem Thema Emotionen auseinanderzusetzen. Wir sollten immer nach einem liebevollen Sinn hinter allem suchen und nicht in den Kategorien von Strafe und Sünde stecken bleiben. Spiritualität beginnt aus meiner Sicht nicht dann, wenn wir meinen, besonders viel zu wissen. Sie beginnt dann, wenn wir in der Lage sind, alles im Leben als ein Wunder zu betrachten und darauf zu vertrauen, dass sich auch hinter jeder Krise ein Sinn verbirgt, auch wenn wir ihn noch nicht erkennen können. Das ist ein sehr hohes Niveau an Bewusstheit, aber jetzt fängt es an, Freude zu machen. Und jetzt können wir auch so viel Gutes tun. In meinen Seminaren zum Beispiel spreche ich mit den Teilnehmerinnen und Teilnehmern immer ein Segnungsgebet und ein Vergebungsgebet für all die Seelen, die auf der feinstofflichen Ebene mit dabei sind – verstorbene Angehörige und andere, die das Thema wertvoll finden. Wir formen eine energetische Segnungskugel und sprechen die folgenden Worte – wobei du auch andere Gebete aus diesem Buch oder deine eigenen Worte nutzen kannst.

»Liebe lichtvolle geistige Welt, liebe Engel, mögen sich stets da, wo wir sind, Liebe, Frieden und Hoffnung ausbreiten. Wir bitten darum, dass wir stets stärkende und lichtvolle Lösungen finden, die wir in jeder Lebenssituation gebrauchen können. Wir bitten um Segen und heilende Kraft für alle Menschen, die auf der Suche nach Antworten sind. Möge ihre Trauerarbeit zu ihrem Weg der Heilung werden. Und so mögen auch alle Seelen im Jenseits ihren Blick nach oben ins Licht lenken, die Engel fühlen, sich geliebt und geschätzt fühlen. Mögen sie sich von ihren Engeln einhüllen lassen und ihnen hinauf ins göttliche Licht folgen.«

Um am Ende wieder Abstand zu bekommen, geben wir ganz bewusst alles an die lichtvolle geistige Welt ab und wenden uns ganz unserem Atem zu. Wir spüren, wie er den Körper bewegt und wie wohl wir uns fühlen nach dieser liebevollen Unterstützung für uns selbst und andere. »Ich liebe mich« ist der Satz, mit dem sich auch dieses Gebet wundervoll abschließen lässt. Es ist wichtig, sich nach einer Segnung oder einer anderen Hilfe für Mitmenschen oder auch für Seelen im Jenseits selbst gut zu fühlen, wieder ganz bei sich und in der irdischen Welt anzukommen und das Gewesene loszulassen.

Die untere Astralebene

Auf einem meiner allerersten Vorträge vor etwa zwanzig Jahren wurde ich von einer Zuschauerin gefragt, was eigentlich die Seele von Adolf Hitler mache. Sie fügte hinzu, sie hoffe, dass er in der Hölle leiden würde. Die Engel erlaubten mir an diesem Abend keinen Blick auf seine Seele und damit auch keine Antwort. Sie sagten mir damit, dass sie auf eine Frage, die aus einem Gefühl des Hasses kommt, nicht antworten können. Denn im Hass kann keine Transformation geschehen. Wenn die Quelle einer Frage Hass ist, dann wird auch die Antwort nur Hass schüren.

Tatsächlich habe ich oft beobachtet, was passiert, wenn Menschen voller Hass gestorben sind, Soldaten in einem Krieg beispielsweise, die hasserfüllt aufeinander losgingen. In ihrer Rage spürten sie meist keinen körperlichen Schmerz. Alles ging so schnell und war so im emotionalen Rausch, dass sie gar nicht merkten, dass sie starben. Und wie schon gesagt geht jede Seele mit der Emotion über die Schwelle, die sie als Letztes in ihrem Körper empfunden hat. So schlugen solche Seelen oftmals auf der anderen Seite blind vor Wut weiter aufeinander ein. Da ihnen jegliches Mitgefühl und jegliches Erkennen ihres Zustandes fehlten, tobte der Hass in ihnen weiter. Auf diese Weise zog es sie ihrer Schwingung gemäß in die untere Astralebene – in die Hölle. Hölle bedeutet in Wirklichkeit nichts anderes als das Erstarren in einer eigenen negativen Emotion. Niemand verdammt eine Seele dazu, denn es gibt keinen strafenden Gott. Rechenschaft müssen wir immer vor uns selbst ablegen, vor unserer eigenen göttlichen Seele. Hier gilt das so wichtige hermetische Gesetz: »Wie oben, so unten.« Denn wie viele Menschen haben sich bereits zu ihren Lebzeiten die Hölle auf Erden erschaffen? Ich denke, wir alle kennen solche Momente, in denen wir derartig in einer negativen Emotion gefangen sind, dass wir einfach nur leiden und keinen Ausweg sehen. Seelen, die sich über längere Zeit bis in den Tod hinein aus einem solchen Zustand nicht befreien konnten, zieht es in genau diese Hölle: Sie bleiben aufgrund ihrer negativen Resonanz in ihrer Wut, ihrem Hass, ihrer Schwere.

In diesem Sinne ist die Hölle eine Art niedere Parallelwelt. Gleiches gesellt sich hier genauso wie in den lichtvollen himmlischen Sphären zu Gleichem. Gehen wir nun aber mit Verachtung, Hass und Rachegefühlen an solche Seelen heran, was auch immer sie in ihrer menschlichen Existenz getan haben mögen, dann begeben auch wir uns auf diese Schwingung und füttern damit dieses negative Energiefeld mit unserer Energie. Die Liebe ist es, die unsere Welt zusammenhält. Und immer wieder nach dieser Liebe zu suchen und für diese Liebe zu sorgen, das ist unsere höchste Aufgabe. Diese tiefste Ebene möchte ich nicht deutlicher erwähnen, da ich selbst nicht in diese düstere Parallelwelt eintauchen möchte, um sie zu beschreiben.

Die neutrale Astralebene

Diese Ebene ist das Energiefeld in unserer physischen Nähe, in dem sich die Seelen nach dem Tod ihres Körpers noch aufhalten. Als ich vor vielen Jahren beim Schreiben an meinem Buch *Jenseitige Welten* dem Himmel eine Struktur zu geben versuchte, war das ziemlich herausfordernd. Denn die geistigen Welten sind wie materielose Räume und letztlich eben auch ohne Struktur. Dennoch lässt sich eine gewisse Ordnung ablesen und die zu kennen, finde ich wiederum hilfreich, während wir noch inkarniert sind. In unserer mechanischen Welt ist alles, wie ich gern aus der Werbung übernehme, »quadratisch, praktisch, gut«. Wir sitzen in unseren viereckigen Räumen und wir spüren die Begrenzungen unseres Körpers über unsere Haut. Und wenn wir uns gelegentlich in unseren Emotionen verlieren, dann können wir gut nachvollziehen, wie es sein muss, sich in einem Zustand der Grenzenlosigkeit zu verlaufen oder in einem inneren Durcheinander nach einem Schockerlebnis. Auch die Seele findet sich nach dem Tod auf der anderen Seite nicht immer gleich zurecht.

So habe ich die Begriffe von den Astralebenen in einer genaueren Differenzierung geprägt. Ich nehme mehrere obere Astralebenen wahr, eine neutrale und auch untere für Seelen, die wie schon beschrieben besonders schwermütig oder gar kriegerisch geprägt sind, sehr verkrampft und niedrigschwingend.

Auf die obere Astralebene kommt die Seele in dem Moment, wo sie sich dem Licht zuwendet und ihren Engeln hinauffolgt. Hier wird die bisherige Inkarnation noch einmal durchgearbeitet, komplett abgeschlossen und losgelassen, bis es an die Vorbereitung eines neuen Lebens auf der Erde geht.

Die neutrale Astralebene ist der Platz, wo sich die Seele noch in der Nähe ihrer bisherigen physischen Realität aufhält. Es ist ein Zwischenzustand, in dem sie gewissermaßen ihre Entscheidung trifft, wohin sie sich jetzt wenden will. Nach oben ins Licht oder nach unten ihrer Schwere und Belastung folgend. Viele Seelen bleiben auf dieser Zwischenebene eine ganze Weile und finden sich noch nicht zurecht. Das sind die Fälle, wo die Angehörigen spüren, dass die Verstorbenen noch da sind und dass irgendetwas nicht stimmt.

Mit dem Herzstillstand geht die Seele aus dem Körper heraus und dieser Schritt über die Schwelle kann für manche herausfordernd sein. Du kannst es dir ein wenig so vorstellen, als würdest du auf einem sehr hohen Berg stehen und eine schmale Brücke führt hinüber zum nächsten Berggipfel in einiger Entfernung. Allerdings verhindert dichter Nebel, dass du die Brücke sehen kannst.

Dennoch musst du den Schritt wagen, diesen ersten Schritt in die Astralwelt hinein. Du gehst ihn mit all den Emotionen, die gerade in dir sind. Sie verschwinden nicht einfach, nur weil du deine physische Existenz verlässt. Es gibt keine Hinweisschilder, keine Pfeile, keine blinkenden Lichter, die dir den Weg weisen. Doch es gibt deine persönliche individuelle Resonanz auf genau die Schwingungen, die zu dir passen. Außerdem behältst du deinen freien Willen. Du wirst nicht einfach automatisch irgendwohin gesogen. Du entscheidest selbst.

Die Seele legt fest, wohin sie möchte. So konnte es passieren, dass der junge Motorradfahrer nach seinem tödlichen Unfall einfach auf seinem Motorrad sitzen blieb. Denn genau diese Schwingung liebte seine Seele. Andere bleiben bei ihren Partnern, Kindern oder Eltern, weil sie sich genau dort am richtigen Platz fühlen. Und manche, meist sehr reife Seelen, die schon zu Lebzeiten ihre Spiritualität gelebt haben, fühlen sich vom Licht und der hohen Schwingung der Engel angezogen und steigen gleich dort hinauf, wohin die Seele auch gehört.

Seelen, die bei den Angehörigen bleiben

Viele Seelen bleiben noch einige Zeit bei ihren Angehörigen, andere besuchen ihre eigene Beerdigung und manche verharren sogar auf dem Friedhof und warten auf das Jüngste Gericht. Bei Beerdigungen können wir manchmal spüren, dass die Seele dabei ist, und auf vielen Friedhöfen können wir die unerlösten Seelen wahrnehmen, die diese Ebene nahe dem Irdischen noch nicht verlassen haben. Für so einige Seelen ist es notwendig, dass ihnen jemand hilft – dass er ihnen die Orientierung auf das Licht und die Engel gibt, für sie betet, eine Kerze anzündet oder, wie ich es gern mache und lehre, eine Segnungskugel aus purer Lichtenergie zu ihnen schickt.

Es ist für die Hinterbliebenen fast immer gut zu erkennen, wenn die Seele noch nicht weitergezogen ist. Sie müssen dann fast zwanghaft an den Verstorbenen denken, sie fühlen sich von den Erinnerungen an diesen Menschen zeitweise richtiggehend dominiert. Der Trauerprozess kann so kaum seine gesunden Phasen durchlaufen und zu einem Ende kommen. Manchmal gibt es so wenig Abgrenzung, dass die Angehörigen die Gedanken ihres Verstorbenen denken oder sich von ihm zu bestimmten Handlungen gedrängt fühlen. Das kann bis hin zu einer sogenannten Besetzung gehen. Die Persönlichkeit verändert sich, man weiß im Extremfall nicht mehr, wer da gerade spricht – ist es dieser Mensch selbst oder zum Beispiel seine verstorbene Mutter. Doch letztlich ist es bei Weitem nicht so gruselig, wie es oft dargestellt wird. Man sollte sich die Begegnung mit Seelen Verstorbener, die nicht weiterziehen wollen, allerdings auch nicht herbeiwünschen. Aber man kann immer handeln. Du kennst die Lösung an dieser Stelle im Buch bereits: Wir können die Seele an das Licht der göttlichen Sphären und an die Engel erinnern und genau dorthin schicken, wohin sie auch gehört. Wenn wir selbst dadurch einen Verstorbenen nicht »loswerden«, dann sollten wir schauen, dass wir die Resonanz zu ihm aufgeben. Dass wir diesen Menschen loslassen, unsere Abhängigkeit von ihm lösen und in unsere Selbstständigkeit und Selbstliebe finden. Denn noch einmal: Jemand, der sich an einem Menschen festhalten will, braucht jemanden, der sich festhalten lässt. Es ist immer eine Frage der Resonanz und eine Lernaufgabe. Keine Seele kann uns etwas antun, wenn wir es nicht wollen. Unser freier Wille gilt immer. Jedes Wesen muss ihn akzeptieren. Doch er muss spürbar sein.

Für mich persönlich war es sehr befreiend, die Kraft des freien Willens kennenzulernen und in meinen Fokus zu rücken. Meine ganze Kindheit hindurch wurde ich von den Seelen Verstorbener bedrängt – und irgendwann begriff ich, dass ich sie ins Licht schicken konnte. Wenn sie dieser liebevollen Aufforderung nicht nachkamen, dann konnte ich zumindest – ebenso einfach mit einem Gebet – dafür sorgen, dass sie mich in Ruhe ließen. Diese beiden Gebete möchte ich dir immer wieder ans Herz legen, deswegen wiederhole ich sie hier auch gern noch einmal:

> »Meine liebe …, mein lieber …, dein Leben hier auf der irdischen Ebene ist zu Ende. Schau nach oben ins Licht und folge deinen Engeln. Für dich ist immer gesorgt.«

Wenn es fremde Seelen sind oder undefinierbare Energien, so kannst du dieses dir bereits bekannte Schutzgebet anwenden:

> »Wenn du in reiner Liebe bist, darfst du bleiben. Wenn du nicht in reiner Liebe bist, musst du dorthin zurückgehen, wo du herkamst. Oder du schaust nach oben ins Licht und folgst den Engeln.«

Lass mich dir hierzu gern ein paar Beispiele wiedergeben. So war in einem Seminar einmal eine Frau bei mir, die ihren Mann bei einem Unfall verloren hatte. Sie war etwa vierzig Jahre und hatte zwei Kinder – und seit fünf Jahren, seit diesem Unfall des Mannes und Vaters, kam die kleine Familie nicht mehr richtig auf die Beine. Es blieb eine bleierne Schwere über ihnen, eine Traurigkeit, die weit über das übliche Maß hinausging. Die Frau hatte durchaus versucht, den Mann auf rituelle Weise zu verabschieden und seiner Seele den Weg ins Licht zu weisen, doch offenbar war es nicht gelungen. Obwohl sie sich sehnlichst eine neue Beziehung und eine vollständige Familie wünschte, gelang es ihr nicht, eine neue Partnerschaft einzugehen. Sie ging nur mit Männern in Resonanz, die ebenfalls eine frühere Beziehung noch nicht vollständig verarbeitet hatten und damit ebenso wenig wie sie in der Lage waren, etwas Neues zu beginnen.

Sie hatte mir ihre Geschichte geschildert, doch ausgerechnet an dem Tag des Onlineseminars, an dem sie ihren Fall gern bearbeitet haben wollte, war sie verhindert. Ich betrachtete mir dennoch ihre Situation und es stellte sich heraus, dass die Seele ihres verunglückten Mannes tatsächlich noch nicht ins Licht gegangen war. Der Unfall war auch für ihn ein solcher Schock gewesen, dass er noch nicht bereit war, seine Familie loszulassen. Auch das übrigens zeigt wieder einmal, dass der Zeitpunkt unseres Todes auch auf seelischer Ebene nicht feststeht.

An diesem Abend jedenfalls habe ich mit der Seele des verstorbenen Mannes Kontakt aufgenommen und sie ins Licht gesandt. Diese Seele konnte den Unfall schließlich akzeptieren und die irdische Ebene loslassen. Ich segnete die kleine Familie und konnte deutlich spüren, wie leicht und liebevoll sich die Energien jetzt anfühlten.

Die Frau selbst, die ja nicht gegenwärtig war, erzählte mir anschließend, sie habe den ganzen Tag über eine unglaubliche Traurigkeit, Schwermut und depressive Verstimmung gespürt und auch ihre Kinder hingen ziemlich durch. Am Abend haben sich all die dunklen Wolken aufgelöst. Die Frau selbst und auch die Kinder fühlten sich befreit von dieser lähmenden Schwere.

Zuvor hatten sich zwei Seiten auf eine Weise miteinander in Resonanz befunden, die für beide lähmend war. Die Schwingung des Mannes, die irdische Familie nicht loslassen, sie nicht verlassen zu wollen, traf auf die Schwingung der Frau und der Kinder, den Vater nicht loslassen zu können. Doch glücklich konnte das beide Seiten auf Dauer nicht machen. Die Leichtigkeit und das Vorankommen auf dieser wie auf der anderen Seite konnten erst wieder gelingen, als der Abschied vollzogen war – in Würde und in Liebe.

Solange sich beide Seiten in ihrem Schmerz aneinander festhalten, bleiben sie genau auf dieser Ebene des Schmerzes. Erst im Freilassen, im Loslassen und in der Hingabe an das, was das Leben uns beschert, können Leichtigkeit, Freude und Liebe wieder gedeihen.

Ich erinnere mich außerdem an einen Mann von etwa siebzig Jahren. Er verherrlichte den Zweiten Weltkrieg und sammelte mit Leidenschaft Kriegsmaterialien, wie Abzeichen, Orden, Helme und so weiter. Er bat mich eines Tages, mit ihm über seine Vergangenheit zu sprechen, vor allem über seinen verstorbenen Vater, den er im Kindesalter zum Ende des Krieges bereits verloren hatte. Jahrzehnte war es also her, doch ich sah die Seele des Vaters in der Aura seines Sohnes. Er hatte den Weg in die lichtvollen Sphären nicht angetreten und sein Sohn lebte offensichtlich die Leidenschaften des verstorbenen Vaters aus, der ihn besetzt hielt. Der etwa siebzigjährige Mann vor mir hatte sich in gewisser Weise lebenslang keine eigene Meinung und keine eigene Persönlichkeit bilden können.

Ich sagte ihm, dass sein Vater bei ihm sei und ihn niemals losgelassen habe. Ich erklärte ihm: Wenn der Tod naht, sehnen sich viele nach dem, was sie am meisten lieben. Und das war im Falle dieses Vaters sein Sohn. Da der Vater an nichts Lichtes und Liebevolles glaubte, blieb er auf der irdischen Ebene und in seinen dunklen Energien gefangen, die er auf seinen Sohn übertrug.

Als ich das erzählte, fing dieser große und nach außen hin immer um Härte bemühte Mann an zu weinen wie ein Kind. Ich erklärte ihm, dass es Zeit sei, sich vom Vater zu lösen, sich selbst zu reflektieren und einen eigenen Weg einzuschlagen. Sein Vater war voller Liebe für ihn, auch wenn er sie aus seiner eigenen Dunkelheit heraus nicht so hat zeigen können, wie es heilsam gewesen wäre. Der Mann begann zu verstehen und wir sprachen gemeinsam das Vergebungsgebet und einen Segen für die Seele des Vaters, damit er den Weg ins Licht finden würde. Nach so vielen

Jahrzehnten konnte er endlich nach seinen Engeln schauen und die Reise der Seele antreten, für die sie bestimmt ist.

Der Mann vor mir war sprachlos und verließ bald meinen Raum. Später erzählte er mir, dass er sich nach diesem Ritual stark verändert hatte. Seine Leidenschaft für die Kriegsmaterialien verschwand gänzlich und er wurde von seinem Umfeld nun als viel liebevoller wahrgenommen.

Ich möchte an dieser Stelle einen kleinen Exkurs zum Thema Energie an Orten machen. Denn so wie Menschen durch ihre Gebete und ihre Achtsamkeit einen Ort zu einem Kraftort machen können, so können auch Plätze, die im Zeichen des Hasses und der Feindschaft anderen Menschen oder Kulturen gegenüber besucht werden, zu einem Sammelplatz negativer Energien werden. Die Energie eines Unfalls kann an bestimmten Orten, an bestimmten Bäumen oder Gewässern gespeichert sein und entsprechende Seelen anziehen, wenn sie nicht erlöst wird. Genauso ziehen auch bestimmte Gebäude oder Denkmäler, an denen nationalsozialistisches und faschistisches Gedankengut und die entsprechenden historischen Gestalten verehrt werden, viele Seelen an, die mit genau diesen Einstellungen und den dazugehörigen niedrigen Schwingungen und negativen Emotionen gestorben sind. Es sind Orte, die alles andere als angenehm sind, und es sind immer wieder Menschen, die die Energie lenken. Energie an sich ist weder positiv noch negativ, weder gut noch böse. Es ist Lebenskraft. Wir Menschen machen mit unserem freien Willen daraus etwas Zerstörerisches oder etwas Heilsames und Friedvolles. Wir lenken die Energien nach oben in lichtvolle und liebevolle Gefühle oder nach unten auf niedere Schwingungen voller Schmerz und Hass. Letztlich erklärt auch genau das die Magie. Schwarze Magie, das sind düstere Gedanken. Weiße Magie, das sind segnende Gedanken. Es gibt nichts und niemanden, der mächtiger ist als unsere eigenen Gedanken. In ihnen liegt unsere Schöpferkraft. Wann immer wir Feindbilder aufbauen, lenken wir die Energie in die niederen Bereiche und genauso gestaltet sich dann auch unser Leben.

Es ist tatsächlich die Liebe, die für uns alle den größten Schutz darstellt. Sind wir in Liebe, dann ist unsere Aura groß und stark und voll von lichtvollen Schwingungen. Alles Negative prallt an uns ab. Genau darauf basiert auch das Schutzgebet, an das ich dich hier noch einmal erinnern möchte:

»Gottes Liebe erfüllt meine Seele. Alles andere lasse ich los. Alles andere lasse ich gehen.«

Angst hingegen ist es, was uns schwach macht und schutzlos dastehen lässt. Sind wir in Angst, fühlen wir uns ausgeliefert. Natürlich kann im Laufe des Lebens immer mal wieder eine Angst auftauchen. Doch dann sollten wir mit aller Kraft versuchen, sie in Liebe zu transformieren. Immer und immer wieder.

Häufig gibt es auch liebevolle Beispiele von Seelen, die sich nicht von ihren Lieben trennen können. So erlebte ich beispielsweise einmal eine Frau in meinem Alter, die ihre verstorbene Großmutter immer bei sich hatte. Die junge Frau wusste das auch und genoss es. Sie war bei ihrer Großmutter aufgewachsen und als die Oma vor ein paar Jahren gestorben war, sagte sie sich ganz bewusst: »Ich lasse sie nicht los.« Der Großmutter kam das auch entgegen, sie genoss es, weiterhin in der Liebe ihrer Enkeltochter bleiben zu können. So lebten sie gewissermaßen miteinander. Die junge Frau führte Alltagsgespräche mit ihrer Oma und fand es angenehm, niemals allein sein zu müssen. Allerdings veränderte sich nach und nach ihre Persönlichkeit – ihr Männergeschmack, die Art zu kochen und sich zu kleiden – und irgendwann war der Punkt erreicht, wo sie erschrak. Mit einem Mal wurde ihr klar, dass sie eine erwachsene Frau war, die endlich beginnen sollte, auf eigenen Beinen zu stehen. Sie zündete auf dem Friedhof eine Kerze für die Oma an und verabschiedete sich von ihr. Sie war fest entschlossen, jetzt endlich erwachsen zu werden und ihr eigenes Leben zu leben. Beide ließen endlich los und die Großmutter ging ins Licht. Die junge Frau erzählte mir das alles auf eine sehr witzige Weise mit einem feinen Humor und auch ich konnte herzlich darüber schmunzeln. Es gibt einfach nichts, was es nicht gibt.

Das Jüngste Gericht

Kommen wir noch einmal zu diesem Thema, denn es gehört auch zur neutralen Astralebene. Es gibt bis heute Menschen, die so stark an diese religiöse Idee glauben, dass nach ihrem Tod das Jüngste Gericht kommen wird und sie dann, von Gott neu nach seinem Vorbild erschaffen, wiederauferstehen können. Von einem solchen Glauben profitieren leider immer nur die Autoritäten, niemals das Individuum. Es sind Ideen, die die Menschen klein halten. Wer danach lebt und nie darüber hinausgewachsen ist, versucht, schön die von außen auferlegten Gebote zu erfüllen und kann alle Verantwortung an einen gnädigen oder strafenden Gott abgeben. Ich stelle das bewusst etwas überspitzt dar, denn mir ist sehr wichtig, dass wir verstehen, dass nur die Eigenverantwortung und das Leben aus dem eigenen Herzen heraus wirklich eine spirituelle Entwicklung ermöglichen können.

Ich selbst gehe nicht so gern an Friedhöfen vorbei, da ich wahrnehmen kann, wie dort Seelen bei ihren Gräbern sitzen und auf dieses Jüngste Gericht warten. Sie sind in ihrer Resonanz ganz auf ihre sterblichen Überreste ausgerichtet statt auf die lichtvolle geistige Welt. Du kannst auf einem Friedhof sagen:

»Schaut nach oben ins Licht und folgt euren Engeln.«

Doch erfahrungsgemäß tun das dort nur die wenigsten, da sie an ihrem auferlegten Dogma festhalten. Das müssen wir akzeptieren. Vor vielen Jahren gab ich auf einem Friedhof einmal ein Interview. Der Regisseur wollte gern, dass Engelfiguren im Hintergrund sind, und auf einem Friedhof stehen ja oft Engelstatuen. Also gingen wir dort spazieren und filmten. Thematisch war das Ganze total einfach, nichts Kompliziertes, eher Routine. Und doch war ich danach fix und fertig. Ich brauchte Tage, um mich zu erholen. Sensibel und offen, wie ich bin, nahm ich all diese Energien auf und auch eine unerlöste Seele kann am Energiefeld saugen. Auch das musste ich erst lernen. Würde ich heute an einem Friedhof vorbeigehen, würde ich meinen Fokus ganz bewusst auf die rationale Ebene legen und nicht auf die Emotionen. Wenn wir intellektueller sind, haben wir automatisch mehr Abgrenzung. Dazu kommt, je mehr Leid wir in uns tragen, umso dünnhäutiger sind wir diesen Sphären ausgeliefert. Damals trug ich noch einen sehr schweren »Rucksack« aus meiner traumatisierenden Kindheit mit mir herum. Heute habe ich sehr viel mehr Abgrenzung, weil ich meine Traumata gelöst und den Schmerz in mir transformiert habe. Heute würde ich wahrscheinlich auf einem Friedhof, wenn ich denn noch mal auf einen gehen würde, das Mantra »Ich liebe mich« sagen und beim Rausgehen würde ich das Gebet wiederholen: »Schaut nach oben ins Licht und folgt den Engeln.« Aber ich würde nicht beobachten, wie viele dem nachkommen oder nicht.

Ich erzähle das vor allem, um noch einmal deutlich zu machen, dass uns tatsächlich vieles nach unserem Glauben geschieht. Dabei fällt mir eine Seminarteilnehmerin ein, die als Kind sehr krank war und deshalb viel im Krankenhaus lag. Dort hatte sie eine Lieblingskinderkrankenschwester, einen wirklichen Engel auf Erden.

In unserem Seminar musste sie sehr oft an diese Krankenschwester denken. Es lag viele Jahrzehnte zurück und sie war längst verstorben. Da es der Teilnehmerin seltsam vorkam, dass sie in Gedanken plötzlich so oft bei ihr war, schauten wir nach ihr. Und tatsächlich sah ich die Seele dieser Frau, die ihr Leben lang auf der Kinderstation so viel Gutes getan hatte, unfassbar traurig und schwer in der neutralen Astralebene. Ich sprach sie an: »Schau mal, hier ist eine ehemalige kleine Patientin von dir und sie denkt so liebevoll an dich, weil du ihr damals so sehr geholfen hast.« Sie schaute meine Seminarteilnehmerin an und erinnerte sich. Mir kullerten vor Rührung die Tränen herunter. Plötzlich sagte diese Seele: »Aber ich konnte sie nicht alle retten.«

Diese Frau hätte am liebsten die ganze Welt gerettet und alle Kinder erlöst. Doch eine solche Verantwortung kann kein Mensch tragen. Wir müssen es nach oben abgeben. Wir können unser Bestes tun und mehr geht nicht. Ich sprach mit ihr darüber, wie viel Gutes sie getan hatte. Sie dürfe nicht nur auf das schauen, was ihr nicht gelungen sei. Es lag einfach nicht in ihrer Macht, manche Kinder hatten ein anderes Schicksal. Wir müssen unseren Mitmenschen ihr eigenes Leben und ihr eigenes Sterben zutrauen. Ich sage nicht, dass das einfach ist, schon gar nicht bei Kindern. Doch es liegt nicht in unserer Verantwortung und nicht in unseren Möglichkeiten, alle Wesen dieser Welt zu retten.

Diese Seele hatte sich sehr auf die Kinder fokussiert, die im Krankenhaus damals verstarben. Als sie nun meine Seminarteilnehmerin sah, wurde ihr bewusst, wie viele sie auch unterstützen und vielleicht sogar retten konnte. Sie spürte die Dankbarkeit und die Anerkennung ihrer ehemaligen kleinen Patientin und konnte sie annehmen. Ihre Seele wurde schon ein wenig heller und leichter. Ich erklärte ihr, dass ihre Schwermut keine sinnvolle Antwort auf all die Schicksale ist, die sie beschäftigten. Die wahre Antwort findet sich nur im Bewusstsein der Liebe, bei Gott. »Also schau nach oben ins Licht und finde dort die Antwort«, sagte ich zu ihr und sah, wie sich der Himmel öffnete und ein Lichtstrahl von oben herunterkam. Eine ganze Reihe Engel standen dort und sie alle zeigten nach oben. Als die Seele dieser früheren Krankenschwester das sah, rannte sie förmlich ins Licht. Ich spüre noch immer dieses erlösende Kribbeln auf meiner Haut. Die Seele stürmte ins Licht und meine Seminarteilnehmerin weinte befreiend. Sie war so froh, dieser Seele, die ihr in ihrer Kindheit so gutgetan hatte, heute einen heiligen Dienst erwiesen zu haben.

Mich hat diese Geschichte sehr beeindruckt. Sie zeigt, dass das Gute seinen Weg findet, auch über Umwege und lange Zeiträume hinweg. Keine gute Tat ist je verloren. Kein guter Gedanke ist je umsonst.

Parallelwelten

Lass uns noch ein wenig bei den erdnahen Astralwelten bleiben, die sich tatsächlich wie eine Art Parallelwelt darstellen. Ich erinnere mich an eine Zeit in meiner Kindheit, wo es in unserem Bekanntenkreis auch einen aggressiven Mann gab, der seine Frau regelmäßig verprügelte. In Russland erlebten und erleben erschreckend viele Frauen häusliche Gewalt. Ich war dort in eine Szene involviert, nachdem meine Urgroßmutter gestorben war. Sie war mein Engel auf Erden gewesen, zu ihr hatte ich die intensivste Beziehung in meiner Kindheit.

Im Garten dieser Familie gab es viele große Fliederbüsche, die für mich bis heute mit der Erinnerung an diese Urgroßmutter verbunden sind. Ich lag abends schon im Bett und hörte plötzlich Geschrei im Haus. Ich dachte nur, dass es schon wieder eine Prügelei gibt. Das war an der Tagesordnung und für uns Kinder war es das Klügste, wenn wir uns dann einfach versteckten und nicht einmischten. Plötzlich aber riss jemand die Tür zu meinem Zimmer auf, raste herein und schrie: »Jana, komm schnell her! Deine Urgroßmutter ist da!«

Obwohl ich noch ein Kind war, haben sich die Erwachsenen schon damals auf mich verlassen. Ich wirkte erwachsener als mein Umfeld. Meine Bekannte packte mich, zog mich ins Wohnzimmer und zeigte auf den Vorgarten. Dort sah ich die Seele meiner Urgroßmutter vor einem großen Fliederbusch. Mein Herz sprang vor Freude. Sie war so klar zu sehen, als würde sie lebendig vor uns stehen, obwohl wir sie doch gerade beerdigt hatten. Das Erstaunlichste war jedoch, dass die anderen sie auch sehen konnten. Der gewalttätige Hausherr versteckte sich mit seinen hundert Kilo hinter mir und ich spürte, wie er voller Angst an meinen Schultern zerrte. Denn meine Urgroßmutter zeigte mit ihrem Finger auf ihn und schaute ihn durchdringend an. Sie rief: »Wehe, du erhebst noch einmal deine Hand gegen deine Frau! Ich werde wiederkommen!«

Ich war baff. So eine Frauenpower! Dieser aggressive Mann war zu einem Häufchen Elend geworden und versprach winselnd, nie wieder zu prügeln. Dann schrie er wie am Spieß: »Jana, schick sie weg.«

Du siehst, dass ich von den Erwachsenen in meinem damaligen Feld nichts lernen konnte. Ich musste mich so früh wie möglich an die Engel wenden, was letztlich mein Glück war. Ich sagte zu meiner Urgroßmutter: »Liebe Urgroßmutter, er hat es verstanden. Er hat Angst. Es ist okay.« Da öffnete sich hinter dem Fliederbusch ein Lichtstrahl, sie drehte sich um und ging ins Licht. Noch viele Jahre hatte ich danach Kontakt zu Palina, meiner geliebten Urgroßmutter.

Für mich ist das bis heute eine Erfahrung, die mir den Atem raubt. Ich hatte erleben dürfen, wie sich die Energie einer Seele so verdichten kann, dass sie nicht nur für jemand Hellsichtiges sichtbar wird, sondern auch für andere Menschen. Für mich war es damals schön zu erleben, dass ich meine Urgroßmutter nicht verloren hatte. Ich war zwölf und diese Erfahrung gehört zu den Momenten, in denen ich mir meiner Verbindung in die geistige Welt so richtig bewusst werden durfte.

Auch ein befreundeter Arzt erzählte mir später von einer Art Parallelwelt. Ein Vater war zu ihm gekommen, da er Schwierigkeiten bei der Einschulung seiner Tochter hatte. Die Mutter des Kindes war verstorben und er lebte in einer neuen Partnerschaft. Nun stand er vor der Entscheidung, das Kind dort einzuschulen, wo es groß geworden ist, oder zur neuen Partnerin in eine andere Stadt zu ziehen und das Kind dort in die Schule zu schicken. Ihn plagte ein schlechtes Gewissen, er wollte das Kind nicht entwurzeln und lieber eine Fernbeziehung führen. Das Kind allerdings wehrte sich gegen die Einschulung in der vertrauten Heimat. Es sagte immer wieder, dass die Mama da sei und es gern die Stadt verlassen kann. Der Vater machte sich Sorgen und dachte schon, dass hier eine psychologische Betreuung nötig sei.

Der Arzt nun, bei dem er sich Rat holte, war sehr feinfühlig. Tatsächlich nahm er die Seele der Mutter im Raum wahr. Also sagte er dem Vater, er solle seiner Tochter vertrauen und seinem Glück in der neuen Beziehung folgen. Sie zogen daraufhin tatsächlich um und wurden eine harmonische Familie.

Es gibt die unterschiedlichsten Arten von Parallelwelten. Ich erlebte einmal so etwas, als ich zum ersten Mal in einer Stadt war, die im Zweiten Weltkrieg innerhalb einer Nacht völlig zerbombt wurde. Sehr viele Einwohner sind damals im Schlaf umgekommen und haben gar nicht bemerkt, was passiert ist und dass sie gestorben sind. Sie blieben in der damaligen Zeit stecken und leben bis heute in dieser Stadt parallel zur gegenwärtigen Bevölkerung weiter. Über dieser Stadt lag eine schwermütige Energie und es fehlte die Leichtigkeit. Ich wollte in eine Bäckerei gehen und sah, wie eine Seele durch mich hindurch auch in dieses Geschäft ging. Sie war gekleidet wie in den 1940er-Jahren. Ich schärfte meine Sinne und sah mit Staunen, dass sich in der Bäckerei noch mehr Seelen befanden, die in dieser Bombennacht gestorben sein mussten. Diese Seelen lebten vollkommen parallel zur Bevölkerung, sie wollten nichts von den anderen, sie taten ihnen nichts, aber sie brachten diese Schwere mit sich. Ich segnete sie und verwies sie auf das Licht. Einige gingen, andere nicht. Auch eine Seele braucht ihre Zeit, um bestimmte Erfahrungen zu verinnerlichen.

Ich möchte keine Namen für solche Städte nennen, aber ich habe einige von ihnen erlebt. Viele Menschen sind verliebt in diese Orte, gerade wenn sie dort aufgewachsen sind. Andere aber, die einen Vergleich haben – wie ich zum Beispiel, die ich schon so lange in der wundervollen Energie um den Bodensee herum lebe –, spüren diese Schwere. Doch diese Orte sind natürlich nicht böse oder schlecht. Es ist einfach ein Teil der Geschichte in ihnen gespeichert, der voller Leid ist. Das prägt.

In meiner Autobiografie *Mein Seelenweg ins Licht* habe ich ausführlich von einer Erfahrung bei den alten Maya geschrieben, wo ich ebenfalls eine Parallelwelt mit einem Priester erlebte. Ähnliches begegnet mir auch in vielen alten Kirchen. Manche dieser Gotteshäuser sind lichtvoll und dort halte ich mich auch gern eine Weile auf. Doch in anderen spüre ich den ungeheuren Machtmissbrauch dieser Institution. Nicht selten werden Knochenfragmente von Heiligen als Reliquien aufbewahrt und wenn ich in so einen Raum komme, nehme ich eine unangenehme Energie wahr. Denn meist hängen die Seelen noch an diesen Knochen und es gibt sehr viele machtverwöhnte Wesen in der Kirche, die natürlich gern weiterhin in der Nähe der Gläubigen sind, die sie mit Energie versorgen. So manche Priesterseele habe ich dort schon gesehen, die diesen Beruf nicht aus Gottesliebe und Menschenliebe, sondern aus der Lust an der Macht heraus gewählt hat. So kann selbst an sogenannten heiligen Orten eine Parallelwelt entstehen, die zumindest für mich alles andere als heilig ist. Für mich sind das keine Orte der Stille, an denen ich beten möchte. Ich spreche auch hier ein Gebet und dann gehe ich wieder.

»Schaut nach oben ins Licht und folgt den Engeln.«

Verbindung zu einer Seele aufnehmen

Wir alle können mit der Seele eines lieben Verstorbenen in Kontakt treten und ihr unsere Liebe, Anerkennung und Wertschätzung mitgeben. Wenn du so etwas tun möchtest, reib deine Hände und leg sie vor deinem Brustraum zusammen. Lass ein paar Zentimeter Abstand zwischen ihnen und lass die lichtvolle Energie der Liebe und des Segens in eine Kugel aus Licht fließen. Das kann ganz schnell gehen oder du machst es lang und ausführlich. Achte auf deinen tiefen Atem und sprich ein Gebet. Du kannst meine Worte verwenden oder deine eigenen finden:

»Liebe Seele, mit Liebe und Wertschätzung denke ich an dich. Spür deinen Schutzengel bei dir, wie er dir all seine bedingungslose Liebe entgegenbringt. Denn du bist liebevoll, du bist liebenswert. Du hast immer getan, was du konntest. Wir alle können immer nur so, wie wir eben können. Meine Liebe begleitet dich. Schau nun nach oben ins Licht und folge den Engeln. Jede Seele ist in der Liebe und im Licht zu Hause.«

Es ist vollkommen unterschiedlich, was Menschen bei einer solchen Übung wahrnehmen. Genauso, wie es ganz unterschiedlich ist, wie es einer Seele nach dem Tod ihres irdischen Körpers geht. Manchmal brauchen die Seelen noch etwas Unterstützung, die sie dann durch dieses Gebet von uns erhalten. Und manchmal ist es umgekehrt so, dass wir bemerken können, wie sehr sie uns unterstützen. Oftmals sehe ich in Seminaren, wie beispielsweise die Seele des Vaters oder der Mutter eines Teilnehmers hinter ihm steht. Wie ein riesiger Engel, in hellem Licht, die Hände auf den Schultern von Sohn oder Tochter. Einmal sagte ein Vater in dieser lichtvollen Größe hinter seinem Sohn stehend: »Du bist beschützt. Ich werde immer bei dir sein, egal, wie hoch die Engel mich in die geistigen Welten hinaufleiten.« Gerade wenn Eltern früh sterben, sind sie oft wie Schutzheilige für ihre Kinder, die sie zurücklassen mussten. Aber auch, wenn sie erst in einem hohen Alter sterben, bleibt manchmal diese große Verbundenheit.

Träume und Visionen von Verstorbenen

Die allermeisten Menschen können davon berichten, dass sie schon einmal von verstorbenen Angehörigen geträumt haben oder gewisse Zeichen oder Botschaften von ihnen erhielten. Die Seele ist unsterblich und kann sich uns zeigen. Ihr stehen dafür unterschiedliche Möglichkeiten zur Verfügung – im Extremfall bis dahin, dass sie sich wie bei meiner Urgroßmutter beschrieben sogar groben und ganz und gar nicht hellsichtigen Menschen offenbaren kann. So wird sie für uns noch einmal spürbar, wenn sie noch etwas zu klären hat, und vor allem auch, um uns mitzuteilen, dass es ihr gut geht und wir uns keine Sorgen machen müssen.

Eine recht amüsante Geschichte dazu habe ich über meinen Großvater zu erzählen. Als er starb, wusste ich nichts davon, denn wir hatten durch die Entfernung der Wohnorte nur sporadisch Kontakt. Plötzlich aber, mitten am Tag, sah ich seine Seele neben mir. Sie sah so aus, wie ich ihn kannte. Nun stand er also neben mir und lächelte freundlich. Dann meinte er plötzlich: »Kannst du da oben ein gutes Wort für mich einlegen?« Und schon war seine Seele wieder weg.

Nach einem solchen Erlebnis weiß ich immer, dass irgendetwas vorgefallen sein muss. Tatsächlich rief mich meine Mutter später an, um mir mitzuteilen, dass er in Frieden verstorben ist. Sie nannte mir das genaue Datum und die Uhrzeit, zu der er nicht mehr ansprechbar war, sondern nur noch lächelnd dalag. Es wird dich nicht erstaunen: Es war genau die Zeit, zu der er mir seinen Besuch abstattete.

Vielen Seelen ist es wichtig, auf irgendeine Weise am Schluss noch aufzuräumen und sich Frieden zu verschaffen. So kannte ich einmal einen älteren Mann, dem ich durch eine Engelbotschaft viel Kraft und Trost geben konnte. Nun war er schwer krank und eines Tages stand seine Seele neben mir. Er sah so aus, wie ich ihn gekannt hatte, und war voller Frieden. Ich wusste, dass er ein schweres Leben gehabt hatte. Nun aber stand er – symbolisch gesehen – mit einem Blumenstrauß vor mir und bedankte sich. Für mich war das, was ich für ihn getan hatte, eine Selbstverständlichkeit, doch ich merkte, dass es ihm wichtig war, dass ich seinen Dank annehme. Sein Blick sagte mir, dass er bereit war, auf die andere Seite zu gehen. Er fragte mich, ob ich ihn beschützen würde, wenn er Hilfe bräuchte. Ich sagte ihm, dass er sich jederzeit an mich wenden könne. Wenige Tage später erfuhr ich von seiner Partnerin, dass er gestorben war.

Egal, wie gutmütig oder bösartig, wie fit, krank oder pflegebedürftig oder was auch immer ein Mensch sein mag, die Seele findet immer einen Weg, das noch zu tun, was ihr wichtig ist. Wenn sie Vergebung erbitten oder einen Dank aussprechen will, wird sie nach einer Möglichkeit dafür suchen und wir können sie dabei unterstützen.

Manchmal sind es keine Erscheinungen, wie ich sie eben beschrieben habe, sondern die Verstorbenen zeigen sich uns im Traum. Bei einer Seminarteilnehmerin beispielsweise wandten sich die Schwiegereltern häufig weinend und um Hilfe bittend an sie, während sie schlief. Es lässt sich unschwer erraten, dass diese Seelen gute Gedanken und lichtvolle Worte brauchten, vielleicht eine Segnungskugel, die man ihnen schickt. Möglicherweise empfanden sie sich als nicht wertvoll genug, um ins Licht zu schauen, oder sie schauten aus lauter Gewohnheit schwermütig zu Boden und entdeckten die helfende Hand ihrer Engel nicht. Wenn wir also von Verstorbenen träumen und es ihnen in den uns gezeigten Bildern nicht gut geht, dann ist es zumindest Zeit für das Gebet:

»Schau nach oben ins Licht und folge den Engeln.«

Zeigt sich die Seele hingegen freudig und hell, dann ist sie eher eine Unterstützung für uns. Sie will uns zeigen, dass es ihr gut geht und wir uns mit ihr freuen können, statt in Sorgen und Trauer zu vergehen.

Manchmal erreichen mich Fragen, die mich wirklich erstaunen. So erzählte mir eine Frau, dass der Vater ihrer erwachsenen Tochter, von dem sie seit einiger Zeit getrennt war, plötzlich verstorben war, beide Frauen allerdings das Gefühl hätten, dass er noch in ihrer Nähe war. Sie beschrieb ihn als eine narzisstische und drogenabhängige Persönlichkeit mit einer kriminellen Vergangenheit. Sie und ihre Tochter bekamen immer wieder Zeichen von ihm, das Licht flackerte in der Wohnung, es waren Geräusche im Bad zu hören, obwohl niemand dort sein konnte, und bei der Mutter ebenso wie bei der Tochter hatte er außergewöhnlich viel Raum in den Gedanken. Die Mutter fragte mich, ob das vielleicht auch daran liegen könne, dass die Tochter die Urne mit seiner Asche in ihrem Zimmer aufbewahrte. Sie hätten schon mehrfach versucht, die Seele ins Licht zu schicken, doch es hatte offenbar nicht funktioniert. Die Frau erzählte, dass sie ihn oft als traurig wahrnahm und ihn in ihrer Vorstellung dann tröstend in die Arme nahm.

Ich kann Menschen wie dieser Frau nur den Rat geben, die Toten zu begraben und das Leben zu leben. Die Asche eines Verstorbenen hat nichts in unserem Leben zu suchen. Sie hat nichts mit der Gegenwart und auch nichts mit einer lichtvollen Zukunft zu tun. Dazu kommt in diesem Fall, dass sich Narzissmus mit dem Ableben nicht auflöst. Ich bekam von den Schilderungen dieser Frau den Eindruck, dass es diesem Mann wunderbar gefiel, dass sich das Leben beider Frauen weiterhin zu großen Teilen um ihn drehte. Wieder und wieder versuchten sie ihn ins Licht zu schicken, doch offenbar war überhaupt keine Ernsthaftigkeit dabei. Man kann es vielleicht zweimal oder dreimal machen, dann aber reicht es. Gerade wir Frauen aber wollen anderen oftmals um jeden Preis gefallen, und das kann sich sogar noch auf Tote beziehen. Damit in Zusammenhang steht oftmals ein Helfersyndrom, das wir dringend hinterfragen müssen. Sonst macht es sich eine solche Seele bei uns bequem, ernährt sich energetisch von unseren Sorgen und unserer Aufmerksamkeit für sie – und unser eigenes Leben stagniert.

Es wurde hier also Zeit für einen echten Abschied. Einen ernst gemeinten Abschied, mit dem sich auch die Resonanz für diesen Mann auflöst. Sicher war dafür nötig, auch mal etwas deutlicher zu werden und »mit der Faust auf den Tisch zu hauen«. Würden sie dazu nicht in der Lage sein, dann würden sie wahrscheinlich in ihrer Abhängigkeit bleiben.

Ich konnte dieser Frau nur raten, der Seele dieses Mannes alles Gute zu wünschen und sich dann gänzlich von ihm zu lösen. Das würde große Veränderungen in ihr Leben bringen und auch die Seele wäre endlich frei. Vieles könnte sich lösen und die Wege für alle Beteiligten könnten sich lichtvoll gestalten. Auch Loslassen will gelernt sein und es ist wichtig, dass wir es lernen.

Um nicht falsch verstanden zu werden: Natürlich können wir Fotos oder andere materielle Erinnerungen an unsere verstorbenen Lieben bei uns aufbewahren. Es ist dann sinnvoll, wenn wir in einer liebevollen Beziehung zu ihnen sind, uns gern an sie erinnern, aber sie gleichzeitig für ihren weiteren Weg loslassen können.

Die oberen Astralwelten

Ein zehnjähriges Mädchen, das in seinem Leben schon ungeheuer viel Schweres durchmachen musste, erzählte mir einmal, dass sie wüsste, wie Gott aussieht. Er sei dort, wo ihre Eltern sind, und würde aussehen wie eine riesige helle Sonne. Jedes Mal, wenn jemand stirbt, käme ein weiterer Lichtstrahl hinzu. Deswegen sei es gar nicht so schlimm, wenn Menschen sterben, denn das Licht würde dadurch immer heller und schöner.

Für mich ist das eine wundervolle Einleitung zum Thema obere Astralwelten. Wenn die Seele auf der anderen Seite angekommen ist, vernimmt sie oft – wie bereits beschrieben – so etwas wie einen inneren Ruf, der sie entsprechend ihrer eigenen Schwingung nach oben oder nach unten zieht. Ist die Schwingung voller Selbstliebe und Selbstachtung, dann beginnt sie wie von selbst nach oben zu schauen und entdeckt dort das Licht – das göttliche Licht, von dem dieses Mädchen gesprochen hat.

Es teilt sich in verschiedene Ebenen auf. Helena Blavatsky beschrieb es mit unterschiedlichen Farben. Rudolf Steiner beschrieb die Ebenen als unterschiedliche Himmel. Ich bezeichne sie als sieben Bewusstseinsebenen. Dieses Bild entstand durch jahrelange Beobachtungen von Seelen, die ich über Jahre hinweg besucht und wiederholt gesprochen habe. Es gibt eine unglaubliche Bewegung dort oben in diesen Sphären, insbesondere auf der emotionalen Ebene. Es ist ein bisschen so, wie wenn wir an einem aufregenden Tag meditieren. Wir setzen uns still hin, lassen alles Äußere außen vor, aber in unserem Inneren geht es umso lauter zu. Wir nehmen viele Emotionen und noch mehr Gedanken wahr. Bis wirklich innere Ruhe eingekehrt ist und eine gewisse Ordnung geschaffen wurde, bis wir also wirklich in einem meditativen Zustand angekommen sind, kann es eine ganze Zeit dauern.

Eine ähnliche Vielfalt an inneren Regungen bewegt auch die Seele nach ihrem Tod. Aus meinen Beobachtungen von über vierzig Jahren – ich habe ja tatsächlich, ohne es zu wollen, bereits in meiner frühsten Kindheit damit begonnen – konnte ich einen roten Faden herauskristallisieren, dem jede Seele folgt. Während die Seele durch diese sieben Bewusstseinszustände der oberen Astralwelt zieht, ist sie ganz auf ihre Emotionen und Vorstellungen zurückgeworfen. Es gibt keine Außenwelt mehr, die zusätzliche Reize ins Geschehen hineingibt. Sie ist ganz auf sich selbst fokussiert und muss damit für alles, was auftaucht, voll und ganz die Verantwortung zu übernehmen lernen. Das kann sehr herausfordernd sein und deswegen empfehle ich auch, bereits zu Lebzeiten in dieses Training einzusteigen und die Schuld für Dinge im Leben eben nicht dem Partner, dem Wetter oder der Politik zu geben.

Die Seele kann diesen Aufstieg, der gleichzeitig ein intensiver Bewusstseinsprozess ist, nur meistern, wenn sie realisiert und akzeptiert, dass ihre Reise auf der Erde tatsächlich zu Ende gegangen ist. Wie wir schon gesehen haben, begreifen das nicht alle Seelen sofort. Um weiter nach oben aufsteigen zu können, muss die Seele so einiges an emotionalem Gepäck loslassen.

Auf der ersten oberen Astralebene geht es um diese Erkenntnis: »Eine Tür hat sich geschlossen. Ich akzeptiere das und vertraue darauf, dass mein Weg weitergeht und sich eine neue, eine bessere Tür öffnen wird.« Das Interessante ist, dass wir die gleichen Schritte, die die Seele bei ihrem Aufstieg macht, immer auch als Menschen machen, wenn wir mit einer Herausforderung konfrontiert sind. Beim ersten Schritt heißt das: Wir akzeptieren, dass da ein Problem ist. Erst dann können wir es lösen. Das klingt selbstverständlich, ist es im Alltag aber oftmals nicht.

Wenn die Seele einmal eine Ebene erreicht hat, dann ist die Bewusstseinsentwicklung unumkehrbar. Sie kann nicht wieder zurückfallen. Allerdings nehmen Hinterbliebene eine Seele manchmal wahr, während sie in Wirklichkeit schon höher hinaufgestiegen ist. Das Empfinden von liebevoller Nähe ist nicht an eine Distanz gebunden.

Die Verweildauer einer Seele auf der ersten oberen Astralebene ist meiner Beobachtung nach meist nicht sehr lang. Die Seele hat realisiert, dass sie ihren Körper verlassen hat, schaut nach oben, nimmt das Licht wahr und geht ihren Engeln entgegen.

Auf der zweiten oberen Astralebene, die sie nun erreicht, geht es um das Verständnis für alles, was im zurückliegenden Leben geschehen ist. Das dauert naturgemäß etwas länger. Hier beginnt sie zu begreifen, was sie gut gemeistert hat und wo sie möglicherweise stecken geblieben ist. In dieser Rückschau relativiert sich vieles und voller Empathie nimmt die Seele auch zur Kenntnis, wo sie andere verletzt hat. Es kann ein sehr emotionaler Prozess sein, der zur Klärung beiträgt und der Seele hilft, die gemachten Erfahrungen wirklich abzuschließen und die Essenz daraus für sich zu gewinnen. Natürlich werden nicht alle Erfahrungen des gesamten Lebens durchgenommen, sondern die markanten Eckpunkte und die Belange, wo noch etwas offen ist.

Wenn ich Seelen auf dieser Ebene beobachte, wird mir oft bewusst, dass wir als Menschen überhaupt nicht hetzen müssen. Wir haben so viele Inkarnationen lang Zeit, um all unsere Lernaufgaben zu lösen und unsere Erfahrungen zu machen. Aus seelischer Sicht können wir auf all das bereits Erlebte immer neu zurückgreifen. Als würden wir bei einem Fernseher von einem Kanal zum anderen schalten, können wir die einzelnen Erfahrungen aus unzähligen Inkarnationen betrachten. So dürfen wir im Leben wirklich nachsichtig mit uns sein und die Reise genießen, voller Demut und mit einer gewissen Gelassenheit. Wir müssen auch nicht sofort alles verstehen und können aufhören, die Welt immer gleich in Schwarz oder Weiß einzuteilen. Wenn wir eines Tages von der seelischen Ebene aus zurückschauen, werden wir sehen, dass alles einen Sinn ergibt. Wir haben so unendlich viele Möglichkeiten, unser Dasein zu gestalten – und oft begreifen wir eben erst hinterher, wozu es eigentlich gedient hat.

Ich denke dabei an einen Freund, der mit Mitte fünfzig plötzlich verstorben ist. Als Seele erzählte er mir, dass er im Jenseits auf genau dieser zweiten oberen Astralebene sehr darüber erschrocken ist, dass er sich im Leben nicht mehr zugetraut hatte. Sehr eindringlich schilderte er mir sein Erstaunen darüber, wie viele Möglichkeiten er gehabt hätte, aber nicht genutzt hat, wie viel Kraft und Potenzial ihm zur Verfügung standen, die er zu Lebzeiten nicht bemerkte. Dabei war es ein Mensch, der viel geleistet und immer sein Bestes gegeben hat.

Ich selbst habe diese typisch esoterische Aussage, dass der Sinn des Lebens darin bestünde, sich selbst zu finden, nie verstanden. Ich hatte mich selbst weder verloren noch versteckt – wieso sollte ich mich da finden? Erst diese Aussage meines verstorbenen Freundes: »Ich wünschte, ich hätte mir im Leben viel mehr zugetraut«, half mir zu verstehen, dass es im Leben wirklich nicht darum geht, sich zu finden. Das Leben ist dafür da, dass wir uns entfalten und mit jeder Erfahrung, mit jeder Begegnung, mit jeder Beziehung, jedem Seminar und jeder Arbeit, mit dem Mutterwerden und dem Vatersein, mit all den sich entfaltenden Gefühlen nach und nach in die Liebe hineinwachsen. Daher geht es bei der Begleitung anderer Menschen, beispielsweise bei der Trauer, nicht darum, ihnen die schwierigen und teilweise wirklich kaum auszuhalten Gefühle wegzunehmen, sie »wegzumachen«. Es geht darum, den natürlichen Prozess der Heilung zu unterstützen, nicht darum, ihn zu stoppen oder zu unterbrechen. Es geht darum, dem, was ist, in einer friedvollen Geisteshaltung zu begegnen.

Vor vielen Jahren war ich auf Lesereise – jeden Tag eine andere Buchhandlung, jede Nacht ein anderes Hotel. Irgendwann war ich so aufgedreht, dass ich eines Abends nicht einschlafen konnte. Also schaltete ich nach meinem Vortrag den Fernseher ein und sah mir eine Dokumentation über eine berühmte Schauspielerin an, die vor vielen Jahren mit einer Überdosis an Alkohol und Medikamenten verstarb. Gerade als es um ihre Todesursache ging, stand plötzlich ihre Seele vor mir. Direkt zwischen mir und dem Fernseher, genauso aussehend, wie man sie kannte, nur durchscheinend. Für mich sind solche Wahrnehmungen normal. Mit dem Licht, das ich natürlicherweise ausstrahle, zeige ich den Seelen, dass ich den Weg kenne. Deswegen kommen sie so häufig zu mir. Durch diese Dokumentation sind wir beide offenbar in Resonanz geraten.

Die Seele dieser Schauspielerin richtete ihren Fokus mit mir auf ein Stück der Dokumentation und schien in diesem Moment zu begreifen, in welchem traurigen Sumpf aus Ruhm und Leid, aus

Erfolg und Schmerz sie gelebt hatte. Ich sagte zu ihr: »Schau doch einfach nach oben ins Licht und folge den Engeln. Sie werden dir alles erklären.« Sie schaute nach oben, bemerkte den Lichtstrahl über ihr und war tatsächlich bereit zu gehen. Kurz zuvor schaute sie mir in die Augen und ihr Blick ging mir durch und durch. Dann sagte sie: »Das viele Leid, das ich erfuhr, entstand einzig und allein dadurch, dass ich die Schauspielerin in meinem eigenen Leben war. Ich war niemals die Regisseurin.« Sie sagte es mit einer tiefen Ehrlichkeit, ohne jede Selbstverurteilung. Ich freute mich sehr für sie, dass sie zu dieser Erkenntnis gelangt war. Nun war sie bereit, mit ihrer letzten Reinkarnation abzuschließen und ins Licht zu gehen, gleich auf die zweite obere Astralebene, für die sie schon so wesentliche Erkenntnisse gewonnen hatte.

Es ist im Übrigen eine sehr hilfreiche Vorbereitung für uns als Seele, die wir irgendwann auf dieser zweiten Astralebene sein werden, wenn wir jeden Abend eine Tagesrückschau halten – genauso wie wir dann dort eine Lebensrückschau halten. Ich gehe jeden Abend den Tag noch einmal durch, schaue zurück vom jetzigen Moment bis zu dem Augenblick, in dem der Wecker geklingelt hat. Was hat mich bewegt? Wo hat mich etwas aufgeregt? Was möchte ich noch zum Abschluss bringen? Wo gibt es möglicherweise noch ungeklärte Emotionen, die ich mir noch anschauen kann? Diese kleine regelmäßige Übung beschert mir nicht nur einen guten Schlaf, sondern stärkt auch meine Schöpferkraft und relativiert vieles. So bin ich weder meinen eigenen Gefühlen noch dem, was aus der Welt auf mich zukommt, hilflos ausgeliefert.

Die Seele fühlt sich nach der Lebensrückschau leichter und steigt weiter hinauf, auf die dritte obere Astralebene. Dort geht es um Vergebung. Vergebung – ob sich selbst oder einem anderen Menschen – setzt die Einsicht voraus, dass jeder Mensch immer nur so gut sein und handeln kann, wie er es zum jeweiligen Zeitpunkt eben kann. Niemand von uns ist perfekt. Wenn wir es wären, gäbe es keine Entfaltung, dann wäre gar keine Entwicklung möglich. Manche Seelen gehen gewissermaßen mit der Faust in der Tasche in die Astralwelt. Ich höre so etwas ja schon zu Lebzeiten von so manchen Menschen: »Meinem Vater vergebe ich niemals! Meiner Mutter vergebe ich nicht! Meinem Expartner kann ich nicht vergeben!« Und viele können eben auch sich selbst irgendeine Sache, die sie getan oder nicht getan haben, nicht verzeihen. Doch bevor die Vergebung nicht geschehen ist, können wir keinen Frieden finden, weder während unserer Inkarnation auf der Erde noch danach in den astralen Welten. Es braucht viel Demut, wirklich einzusehen, dass wir alle auf unsere jeweilige, vielleicht manchmal ungünstige oder sogar boshaft erscheinende Weise unser Bestes tun. Können wir nicht vergeben, halten wir Groll und Wut, Ablehnung und Schmerz in uns verschlossen. Sie fressen uns mit der Zeit von innen auf. Und es ist klar, dass wir immer uns selbst wehtun, wenn wir nicht vergeben. Es schmerzt den anderen nicht, der uns vielleicht irgendwann einmal etwas angetan hat.

Nun kommt die Seele also auf der dritten oberen Astralebene an und wird mit all den Situationen aus ihrem zurückliegenden Leben konfrontiert, in denen sie noch nicht vergeben hat. Wenn es ihr gelingt, die Energie dessen, was damals so schmerzhaft war, loszulassen und ganz in die Vergebung zu kommen, dann passiert etwas Wundervolles. Mit meiner Hellsichtigkeit konnte ich in solchen Momenten immer wieder sehen, wie Erzengel Michael der Seele mit seinem feurigen Licht heilsam die Aura ausstreicht. All der Kummer kann verbrennen, alles Gräuel löst sich auf. Zurück bleibt ein kraftvolles Licht, das von Hoffnung und Frieden kündet. Vielleicht ist es genau das, was die Christen Fegefeuer nannten. Es wirkt läuternd und befreiend.

Von der Erde aus können wir diesen Prozess für einen Menschen sehr gut unterstützen und oft sogar überhaupt erst anregen. Dazu ist nur ein kleines Ritual nötig. Wir zünden eine Kerze an, bitten Erzengel Michael um Unterstützung und sprechen für die Seele, um die es uns geht, das Vergebungsgebet, das du in diesem Buch schon mehrfach lesen konntest. Natürlich können wir dieses Ritual auch für uns selbst machen. Vergebung ist ein Akt der Selbstliebe, es geht der Seele danach sehr viel besser.

Auf einer meiner allerersten Vortragsreisen vor über zwanzig Jahren machte ich eine Erfahrung, die mich sehr viel über Vergebung lehrte. Direkt vor einem Vortrag kam eine Journalistin zu mir und wollte mir ein paar Fragen stellen. Ich wunderte mich, warum sie sich nicht erst einmal meinen Vortrag anhören würde, dann könnte sie ja viel besser verstehen, worum es mir ging, und ihren Fragen entsprechend Tiefgang verleihen. Doch ich war noch sehr unerfahren, ließ mich sicherlich auch ein bisschen davon einschüchtern, dass es eine Person aus der Medienwelt war, und beantwortete ihre Fragen. Die Frau verschwand und hörte sich meinen Vortrag gar nicht erst an. Mir wurde klar, dass sie über mich und die Veranstaltung schreiben würde, ohne dass sie überhaupt dabei gewesen war. Tatsächlich fand ich wenig später in diesem Artikel über mich lauter unsinnige Dinge, die sich nur jemand zusammenreimen konnte, der mich und meine Arbeit gar nicht kannte.

Ich war sehr wütend, fühlte mich verletzt und nicht gesehen. Ich merkte, wie sich mein Bild von Journalisten veränderte, wie ich überhaupt misstrauisch wurde, wenn irgendjemand etwas über mich sagen wollte. Ich war bei weiteren Interviews übervorsichtig und legte mir eine Verschlossenheit zu, die eigentlich überhaupt nicht zu mir passt.

Als Mensch, der in der Öffentlichkeit steht, muss man sich einen Umgang mit dieser Öffentlichkeit erarbeiten. Hinz und

Kunz können über mich schreiben und sagen, was sie wollen. Sehr viele Menschen erfahren davon und ich kann nichts dagegen machen. Zum Glück aber nahm ich mich des Themas eines Tages an und löste es für mich so, dass ich heute sehr professionell und entspannt in der Öffentlichkeitsarbeit sein kann. Mir wurde klar, dass ich nicht mit einer so misstrauischen und negativen Haltung anderen Menschen gegenüber leben wollte. Der Groll saß tief, aber ich sprang über meinen Schatten und bat Erzengel Michael, mich dabei zu unterstützen, dieser Journalistin zu vergeben. Mit seiner Hilfe wurde mir bewusst, dass Vergebung eine Menge Selbstwertgefühl braucht. Denn es gibt immer nur zwei Möglichkeiten: Entweder überlassen wir anderen die Macht über unser Denken und unser Empfinden und daraus folgend über unsere Handlungen in der Welt. Oder wir vergeben ihnen, lassen sie ziehen und kommen neu in unsere Kraft. Ich merkte, wie sehr mich die Erfahrung mit dieser Journalistin beeinflusst hatte, und wollte ihr diese Macht nicht weiter überlassen. Ich wollte raus aus der Habachtstellung, die ich mir angewöhnt hatte, hinein in eine gelassene Souveränität. Würde ich das jetzt nicht tun, dann würde es mich noch Jahrzehnte beeinträchtigen und am Ende dürfte ich mich dann nach meinem Tod auf der dritten oberen Astralebene damit herumschlagen. War es mir das wirklich wert? Wollte ich dieser Frau so viel Macht über mich einräumen? Ganz sicher nicht! Ich wollte selbst über mein weiteres Leben bestimmen und es souverän und offen für andere Menschen gestalten.

Meine Entscheidung für mich selbst bewirkte, dass ich dieser Frau vergeben und sie mit so einem Gefühl von »Denn sie wissen nicht, was sie tun« aus meinem Leben verabschieden konnte. Es fiel eine Menge von mir ab und ich war wieder offen dafür, mit Medienvertretern zu kooperieren. Tatsächlich wurde es von da an eine sehr konstruktive und überwiegend wertschätzende Zusammenarbeit. Ich konnte diesen Menschenschlag immer besser verstehen, ihre Art zu arbeiten immer tiefer begreifen und jegliche Furcht davor ablegen, von ihnen in der Öffentlichkeit falsch oder schlecht dargestellt zu werden. Meine positive Art, fortan mit ihnen umzugehen, zog auch nur noch wertschätzende Journalisten an. Ich hatte offenbar meine Hausaufgaben gemacht – und im Jenseits würde ich mich mit diesem Thema nicht mehr befassen müssen.

Viele von uns haben anderen Menschen für sehr schmerzhafte Erfahrungen zu vergeben. Insbesondere in der Kindheit sind sehr viele stark verletzt und traumatisiert worden. Wenn dann von Vergebung gesprochen wird, ist es sehr wichtig, dass dies nicht heißt, zu vergessen oder das, was geschehen ist, gutzuheißen. Vergebung findet im Inneren statt und wenn sie erfolgen konnte, dann können wir unseren Weg weitergehen. Wir müssen nicht verbittern oder verhärten, uns nicht vor neuen Erfahrungen abschotten. Wir sind in der Lage, über unsere eigenen Angelegenheiten zu entscheiden. Möchten wir mit einem Menschen, der uns sehr verletzt hat und dem wir vergeben haben, obwohl von ihm keine Reue und auch keine Entschuldigung kam, einen Kaffee trinken gehen? Nein. Und dazu stehen wir. Wir können diesem anderen Menschen alles Gute wünschen und ihn ganz aus unserem Leben entlassen. Wir lösen in uns alle Emotionen zum Gegenüber auf, damit wir im weiteren Leben und auch später im Jenseits frei davon sind.

Vergebung macht frei und Vergebung macht weich. Andere Menschen können nicht an uns haften – aber wir können an unseren Urteilen über sie und an unseren schmerzhaften Erinnerungen festhalten, und dann fühlt es sich so an, als würden die anderen uns nicht loslassen. Damit aber haben wir unsere Souveränität aufgegeben und sind in eine Opferhaltung gegangen. Doch wenn wir hier überhaupt von Opfer sprechen können, dann sind wir Opfer unseres eigenen Festhaltens an alten Geschichten geworden. Voller Souveränität und in liebevoller Selbstbestimmtheit brauchst du auch keine Grenzen zu setzen. Ein Mensch, der mit dir nicht im Reinen ist oder böse Absichten hat, wird dir nicht einmal in deine liebevollen Augen schauen können, wenn du in dieser lichtvollen Souveränität auftrittst. Wenn du deine Schritte gehst, Vergebung übst und die Verantwortung für dein Leben ganz übernimmst, dann brauchst du auch niemanden als Feind zu bezeichnen. Du hast vergeben und du gehst deinen Weg. Ob den anderen das gefällt oder nicht, spielt keine Rolle. Es muss dich nicht jeder mögen, so wie auch du sicherlich nicht alle Menschen gleich angenehm findest. Warum solltest du dir wegen irgendjemandem negative Emotionen wie einen Klotz ans Bein binden? Du kannst für dich klären, was zu klären ist, und deinen Weg gehen. Vergebung bedeutet auch, Nein zu sagen – und damit ein Ja zu dir selbst.

Es gibt so einen schönen Satz:

Wir können nicht zurückgehen und den Anfang verändern. Aber wir können jetzt beginnen und das Ende verändern.

Nach dem Vergebungsprozess entwickelt die Seele auf der vierten oberen Astralebene ein starkes Vertrauen, das ihr noch mehr Leichtigkeit gibt. Sie steigt in die fünfte Ebene auf und dort geht es um den Mut. Wir brauchen bereits im Leben so viel davon – wenn wir lernen, auf unseren zwei Beinen zu laufen, Fahrrad zu fahren und später Auto. Es gibt so viele Prüfungen und alle nur denkbaren Situationen, die Mut erfordern. All das sind Mut-Momente auf der materiellen Ebene, auf der wir auch wirklich schmerzhaft verletzt werden können. Auf der fünften oberen Astralebene nun geht es um den Mut, erneut über eine Schwelle zu gehen und noch höher hinaufzusteigen, noch mehr dem Licht zu vertrauen und alles Alte loszulassen. Jetzt muss die Seele die Identifikation mit dem zu Ende gegangenen Leben komplett auflösen. Dort ist die Seele nicht mehr Jana oder Paul, nicht mehr Mutter oder Vater, Direktor, Handwerker oder Lehrerin, nicht mehr arm oder reich. Welche Rollen auch immer sie auf der Erde gespielt haben mag, sie dürfen jetzt losgelassen werden. Die Seele ist nur noch göttliches Sein.

Es braucht tatsächlich Mut, all diese alten Vorstellungen und Bilder ziehen zu lassen. Schließlich sind wir ein Leben lang damit identifiziert – diese Dinge geben uns Halt und Sicherheit. Sie geben uns die Orientierung, wer wir sind, was wir zu tun haben und worum es für uns geht. Wenn das wegfällt, kann sich das beängstigend anfühlen. Das kennen wir auch aus Lebenskrisen, in denen eine Rolle wegfällt, weil wir beispielsweise den Job verlieren oder in Rente gehen, weil wir eine Trennung erleben oder unsere Kinder aus dem Haus gehen. Und natürlich ist mit unseren Rollen sehr oft auch eine Menge Anerkennung verbunden, die wir ebenfalls gehen lassen, wenn wir diese Rollen nicht mehr ausfüllen.

Für die Seele geht es auf dieser Ebene tatsächlich darum, erneut einen Schritt über eine Schwelle zu machen. War es zuvor die Schwelle von der irdischen Erfahrung ins Jenseits, ist es jetzt die Schwelle auf die Ebene, ganz Licht zu sein und nicht mehr diese oder jene Identität. Es geht nicht darum, dass diese Rollen, die wir im Leben spielen oder die diese Seele eingenommen hatte, irgendwie schlecht wären. Sie gehören zum Leben dazu. Wir können sie schätzen und uns freuen, dass wir sie spielen dürfen, und zugleich tun wir gut daran, uns schon zu Lebzeiten nicht zu sehr mit ihnen zu identifizieren. Als mir beispielsweise mit Anfang zwanzig klar wurde, welche Gaben ich in dieses Leben mitgebracht habe, konnte ich beginnen, sie bewusst einzusetzen. Ich erhielt auch viel Anerkennung dafür, weil ich plötzlich unzähligen Menschen helfen konnte, weil ich begann, Bücher zu schreiben und Seminare zu geben, die für eine große Zahl von Menschen wertvoll waren und es hoffentlich bis heute sind. Ich hatte also eine Rolle gefunden – die der Autorin, der hellsichtigen Seminarleiterin und der Cosmogetischen Heilerin. Ich konnte den Menschen die geistigen Welten näherbringen. Gerade am Anfang fragte ich mich oft, was wohl passieren würde, wenn mich meine Gaben über Nacht verlassen würden. Was würde dann von mir übrig bleiben, da ich dann meine Rolle nicht mehr hätte? Erst als mir klar wurde, dass ich mich auch dann noch genauso lieben würde wie mit diesen Gaben, konnte diese Frage aus meinem Leben gehen. Ich wusste, ich könnte diese Rolle loslassen.

Wie ist das bei dir? Welche Rollen spielst du in deinem Leben und wie stark bist du damit identifiziert? Was wäre, wenn du diese Rollen nicht mehr ausfüllen könntest? Könntest du dich dennoch lieben? Könntest du dein Leben dennoch sinnerfüllt gestalten und schätzen? Es lohnt sich, mit diesen Fragen in einen Bewusstseinsprozess zu gehen – es macht dich im Leben freier und es heißt ja nicht, dass du die Rollen, die wirklich zu dir passen, danach nicht mit noch mehr Freude leben kannst. Für die fünfte obere Astralebene bist du dann auf jeden Fall schon bestens vorbereitet.

Ähnlich ist es mit unseren Überzeugungen. Könntest du dich genauso lieben und schätzen, wenn du ganz andere Überzeugungen hättest? Auch solche Dinge gehören zu unserer Identität, die wir nach unserem Tod auf dieser schon sehr hohen Astralebene loslassen.

Ist der Seele das gelungen, dann kann sie wirklich leicht und frei weiter nach oben gehen. Wenn sie auf die sechste obere Astralebene kommen, sehe ich die Seelen noch immer in ihrer vorherigen Form, allerdings recht durchsichtig. Sie sind formloser und trotzdem in ihrer menschlichen Gestalt wiedererkennbar.

Identifizierbar und doch sehr geistig. Auf dieser Ebene tanzen die Engel und streichen die Aura der Seele aus, ähnlich wie ich es beim cosmogetischen heilsamen Handauflegen auch tue. Nach und nach wird aus dem, was noch immer Form war, formloseres Licht. Die Grundinformation dieser Seele bleibt und deswegen ist sie auch immer noch als Angehörige ihrer früheren Verwandten wahrnehmbar, gleichzeitig aber löst sich die bisherige menschliche Form auf. Die frühere Inkarnation verliert ihre Bedeutung, denn die Seele ist so viel mehr als das. Sie ist ein Gesamtkunstwerk, sie ist heilig. Auf dieser Ebene ist eine besonders heilige Atmosphäre zu spüren. Und tatsächlich erklingt von den Engeln hier ein Halleluja: für das pure Sein, das auch in diesem Klang lebt. Die Seelen befinden sich in einem sehr hohen Klangraum.

Ab hier ist die Seele für die Hinterbliebenen nicht mehr in ihrer Wesensart wahrnehmbar, sondern als pure Liebe. In dieser Liebe brauchen wir diesen früheren Angehörigen nicht festzuhalten und können uns dennoch intensiv mit ihm verbunden fühlen. Wir brauchen ihn nicht, sondern fühlen uns durch ihn bereichert – durch die schönen Erinnerungen, alles, was wir von ihm erhalten haben, und vielleicht auch die eine oder andere Begegnung im Traum, seit er gestorben ist. Wir können ohne diesen Menschen glücklich sein und ihm alles Glück wünschen.

Wie heißt es so schön? Es ist besser, mit einem Lächeln loszulassen als mit Tränen festzuhalten. So wahr das ist, so schwierig ist es oft auch umzusetzen. Wer lässt schon gern los? Es ist menschlich, dass wir unsere Lieben nicht gehen lassen wollen. Aber alles hat irgendwann ein Ende und das müssen wir an einem bestimmten Punkt unserer Entwicklung akzeptieren lernen. Wir können vor dem Unausweichlichen Angst haben und versuchen, es zu verhindern, was uns aber letztendlich doch nicht gelingen wird. Aber natürlich wird das kein freies und erfülltes Leben möglich machen.

Wir können nicht entscheiden, wann etwas passiert und wie etwas passiert. Wir können nur entscheiden, wie wir damit umgehen. Und wir können immer wieder neu anfangen. An unsere verstorbenen Lieben können wir denken, für sie beten, ihnen im Geiste unsere Liebe versichern – und unser Leben lichtvoll gestalten.

Die Seele macht also auf dieser sechsten oberen Astralebene diesen erweiterten Loslassprozess in Bezug auf die Gestalt durch, die sie in ihrem früheren Leben hatte. Alle Form löst sich auf und es bleibt das pure Licht. Als solches steigt sie weiter hinauf auf die siebte obere Astralebene – und das ist wirklich der siebte Himmel. Denn hier schwingt sie in ihrer reinsten Essenz, der Liebe. Keine weiteren Emotionen gibt es hier, kein Vermissen und kein Ablehnen, kein Wollen und Begehren, nur die reine Liebe. Hier gibt es nur noch eine Frage: »Wie intensiv konnte ich in meinem zurückliegenden Leben die Liebe entfalten? Wie intensiv konnte ich sie fühlen? Wie nah hat mich meine Selbsterfahrung an das Bewusstsein gebracht, all-eins mit der göttlichen Liebe und dem Licht des Kosmos zu sein?«

Auf dieser Ebene hat die Seele also zum einen diese unendlich weite Ganzheitserfahrung. Zum anderen bemerkt sie, womit sie weiterhin in Resonanz geht. Genau daraus entspringt ihr Wunsch für eine neue Inkarnation. Vielleicht hat sie das Bedürfnis, bestimmten anderen Menschen auf der Erde zu helfen, etwas wiedergutzumachen oder irgendetwas Bahnbrechendes zu entwickeln. Sie möchte dieser großen allumfassenden Liebe, zu der sie auf dieser Astralebene geworden ist, eine neue Ausdrucksform geben. Genau das führt sie irgendwann in eine neue physische Form, in eine neue Inkarnation. So verbinden sich pures Licht und menschliche Existenz.

Niemand wird aus dem siebten Himmel herausgestoßen, alle sind wir freiwillig inkarniert, weil wir voller Liebe gespürt haben, was wir hier zum Guten beitragen wollen. Nicht immer fühlt es sich so an und doch ist es die Wahrheit. Es erinnert mich an eine Geschichte, die John Lennon mal erzählt haben soll. Als er klein war, hat ihm seine Mutter beigebracht, dass es das Wichtigste im Leben sei, glücklich zu sein. In der Schule sollte er dann aufschreiben, was er später einmal werden möchte. Er schrieb: Ich möchte glücklich werden. Die Lehrer sagten, dass er die Frage nicht richtig verstanden habe. Und er antwortete ihnen, dass sie wohl das Leben nicht richtig verstanden haben.

Die Wahrnehmung des Feinstofflichen

Auf den verschiedenen Astralebenen können wir die Seelen unter Umständen wahrnehmen und sie können sich uns bemerkbar machen. Die Art, wie Menschen die Seelen Verstorbener wahrnehmen, ist einerseits natürlich individuell, andererseits folgt sie bestimmten Gesetzmäßigkeiten. Wenn ich davon spreche, dass sich die Seelen kühl anfühlen, sind Seminarteilnehmer manchmal verwirrt, weil sie sie selbst als warm empfinden. Das liegt aber meist daran, dass sie mit ihren eigenen verstorbenen Verwandten eine Vertrautheit haben, die sich dann eben freundlich und warm anfühlt. Wenn es um fremde Seelen oder um wirklich unerlöste Seelen geht, dann ist da diese frostige Kälte, wenn sie in unseren Wahrnehmungsbereich kommen.

Wir müssen nicht hellsichtig sein, um eine Seele zu bemerken. Die meisten Menschen spüren vor allem, wenn da »jemand« ist. Angehörige spüren, wenn die Seele ihres lieben Verstorbenen noch keinen Frieden gefunden hat – also noch nicht in die oberen Astralwelten aufsteigen konnte. Außerdem spüren wir es, wenn eine fremde Seele in unseren Räumen herumgeistert, weil auch sie noch nicht den Weg nach oben ins Licht gefunden hat.

Wie aber nehmen die Seelen selbst das Jenseits wahr? Aus meiner Beobachtung folgen sie immer diesen sieben Stufen, die ich eben beschrieben habe. Es ist der Weg für ihre Transformation. Aber natürlich erlebt jede Seele diesen Weg aus ihrem individuellen Bewusstsein heraus und es kann zudem kulturelle Unterschiede geben. Während wir in unserer Kultur Engel wahrnehmen, erleben die Angehörigen anderer Religionen sicherlich andere Formen von heiligen Energien. Letztlich aber ist es nur die Form, die unser Bewusstsein der Schwingung der Liebe gibt. Diese Schwingung ist immer die gleiche. Sie gehört zu den Boten Gottes. Wir erkennen uns selbst als göttliche Seele und als göttliches Licht. Egal, welcher Kultur wir angehören, welche Hautfarbe wir haben und welche Wertvorstellungen im Leben: Die Liebe ist es, die uns alle verbindet und nach der wir unser Leben lang streben.

Nahtoderfahrungen

Wenn wir eine Art Kartografie des Jenseits entwerfen, stellt sich die Frage, wo sich eine Seele während einer Nahtoderfahrung befindet. Ist sie auch schon auf den Astralebenen unterwegs? Eine Nahtoderfahrung aber ist noch kein Tod, die Seele ist zwar ausgetreten, aber energetisch weiterhin mit dem Körper verbunden. Diese unsichtbare Verbindung wird nicht aufgelöst. Wenn ich es hellsichtig betrachte, dann sehe ich, dass die Seele außerhalb des Körpers ist – das nehmen ja auch die Betroffenen so wahr –, aber sie ist noch nicht auf der neutralen Astralebene, von wo aus es kein Zurück mehr gibt. Wenn die Seele einmal dort angekommen ist, dann kann sie nicht mehr in den Körper gehen. In der Nahtoderfahrung ist sie gewissermaßen auf einer Zwischenebene.

Ich selbst habe es so erlebt, dass ich von einer solchen Erfahrung gar nicht mehr zurückwollte. Ich bin als sechsjähriges Mädchen beinahe ertrunken, war bereits außerhalb meines Körpers und habe das Sein in diesem Licht und in der Gegenwart meiner Engel so sehr genossen, dass ich gern ganz ins Licht gegangen wäre. Aber mir wurde bedeutet, dass ich auf der Erde bleiben und in meinen Körper zurückgehen müsse. Es ist ein eigentümliches Verhältnis von uns Menschen zu unserem Leben und unserem Körper. Einerseits wollen wir als Seele unbedingt irdische physische Erfahrungen machen, die wir in den Astralebenen einfach nicht machen können. Dort haben wir niemals diesen Erlebnisreichtum und all das Sinnliche, was uns hier auf der Erde möglich ist. Andererseits möchten wir so gern ins Licht, heraus aus der Schwere des physischen Daseins. Eine Nahtoderfahrung hängt aber natürlich häufig mit einem Unfall in irgendeiner Art zusammen. Der Körper ist geschädigt, verletzt, in meinem Fall war er eiskalt und voller Wasser, das ich bereits eingeatmet hatte. Natürlich möchten wir dann lieber in der Wärme und der Geborgenheit des göttlichen Lichts bleiben. Es ist nicht so leicht, zurückzugehen und sich wieder diesem Körper hinzugeben. In diesem Schwebezustand zwischen Leben und Tod erfahren wir die absolute göttliche Einheit. Es fühlt sich ungeheuer weit und leicht an, ruhig und erfüllt. Vielleicht wie der schönste, tiefste Schlaf, der uns vorstellbar ist – und doch ist das Bewusstsein wach. Wir haben in diesem Zustand auch nicht unbedingt eine Ablehnung gegen das Körperliche und das Erdenleben. Wir sind einfach voll und ganz in der gegenwärtigen Erfahrung und haben keine Resonanz auf irgendeine bewusste Aktivität. Wir wollen nichts, wir wollen nirgendwohin und auch nicht von dort weg, wo wir gerade sind.

Wie geht es für die Seele weiter?

Unser weiterer Weg als Seele nach dem Tod und dem Aufstieg in die oberen Astralwelten hängt natürlich davon ab, welchen Bewusstseinsstand wir bereits erreicht haben. Das heißt nicht, dass beispielsweise ein Mensch aufgrund seiner Hellsichtigkeit oder Ähnlichem besser vorankommen muss und leichter ins Licht finden wird. Sicher macht es den Weg leichter, wenn wir uns bereits im Diesseits mit den Fragen des Jenseits beschäftigt haben. Dennoch können wir uns auch, wenn wir uns niemals mit solchen Dingen befasst haben, durch eine liebevolle Offenheit auf der anderen Seite ganz schnell weiterentwickeln. Beispielsweise auch dann, wenn wir die Hilfe unserer Engel annehmen, die immer für uns da sind und nur darauf warten, dass wir uns ihnen zuwenden.

Wiedergeburt – Strafe oder Segen?

Ich kannte einmal einen recht einflussreichen spirituellen Lehrer. Er war überzeugter Buddhist und damit natürlich sehr an den großen Fragen des Lebens interessiert. Als er starb, war ich gerade dabei, meine ersten Bücher zu schreiben, und so dachte ich mir, dass er mir vielleicht von der anderen Seite aus ein wenig Inspiration geben könnte. Ich schaute nach ihm und sah, dass er sehr mit sich selbst beschäftigt war. Er steckte irgendwo auf den oberen Astralebenen fest und kam letztlich über Jahre hinweg nicht weiter. Ich fragte ihn, was los sei, und er schilderte mir seine große Angst davor, dass er als Tier wiedergeboren werden könnte, weil er in seinem zurückliegenden Leben vielleicht nicht gut genug war. Bestimmte Überzeugungen, die er sich zu Lebzeiten angeeignet hatte, bremsten ihn nun.

Ich erklärte ihm, dass diese Idee, als ein Tier zur Welt zu kommen, nicht wortwörtlich zu nehmen ist, sondern als Sinnbild. Es geht nicht darum, dass wir möglicherweise wirklich als Tier inkarnieren müssen. Er war ein guter Mensch und als ich ihm aufzeigte, wie liebenswert er ist und dass er von der lichtvollen geistigen Welt immer geliebt wird, konnte sich seine Seele entspannen und sich auf das Licht einlassen. Er konnte damit in Resonanz gehen. Wir alle kommen wieder als reine liebende menschliche Seele zur Welt.

Sehr oft besteht ja nicht nur die Angst, als ein Tier oder irgendetwas anderes, was wir als niedriger ansehen, wiedergeboren zu werden, sondern überhaupt wieder in einen Körper zu müssen. Es braucht für viele Menschen lange, bis sie eine Inkarnation als ein Geschenk und nicht als eine Strafe ansehen können.

Natürlich geht es nicht darum, die Astralebenen so schnell wie möglich zu durchlaufen. Wir sind so sehr vom Leistungsdenken geprägt, dass wir uns das oft ganz automatisch so vorstellen. Wer zuerst durch ist, ist die beste Seele. So ist es aber nicht. Der geistigen Welt ist es völlig egal, wie lange du für deine Entwicklung brauchst. Zeit spielt hier keine Rolle. Für uns selbst ist es hilfreich, wenn wir uns schon zu Lebzeiten mit diesen Dingen befassen und uns dann, wenn es so weit ist, leichter orientieren können. Das macht unser Leben und auch unser Sterben friedvoller. Besser oder schlechter sind wir deshalb nicht. Denn darum geht es überhaupt nicht. Es geht darum, dass wir uns ein beschwingtes und liebevolles Grundgefühl im Leben bescheren können.

Tiere auf der seelischen Ebene

Wie steht es denn wirklich um die seelische Seite bei Tieren? Auch mit Tieren habe ich einige Erfahrungen gemacht, wenngleich ich ausschließlich mit Menschen arbeite. So wie ich es sehe, haben Tiere eine individuelle Seele. Sie können untereinander Beziehungen eingehen und auch zu uns Menschen. Was sie nicht haben und was sie damit stark von uns Menschen unterscheidet, ist ein individueller Geist. Entscheidungen treffen sie nicht rational, sondern instinktiv. Das macht sie nicht besser oder schlechter als die Menschen, sie sind einfach anders.

Tiere beseelen die Welt, könnte man sagen, und damit müssen sie keine Bewusstseinsentwicklung durchmachen. Sie leben gegenwärtig. Sie müssen sich auch nicht bewusst mit dem Tod auseinandersetzen, da sie nicht darüber nachdenken – was selbstverständlich nicht heißt, dass es ihnen egal ist, wenn sie in Lebensgefahr geraten. Ganz instinktiv wollen sie leben und werden auch immer darum kämpfen, solange sie können.

Wir Menschen dürfen uns an ihrer Gegenwart erfreuen und können durch sie besonders viel über die Liebe als unsere wahre Natur lernen. Und natürlich durchleben wir anhand unserer Haustiere oft schon als Kinder die ersten Erfahrungen mit dem Tod. Als vor einiger Zeit das geliebte Kaninchen meiner Tochter starb, war sie gerade in den Ferien. Ich war mit ihm beim Tierarzt und in meinen Händen verstarb es. Wie viel Trauer das in mir ausgelöst hat, hätte ich nicht erwartet, wobei ein großer Teil meiner aufgewühlten Gefühle auch daherkam, dass ich mir Sorgen machte, wie meine Tochter es nach ihrer Rückkehr wohl aufnehmen würde. Dennoch wurde mir wieder einmal bewusst, dass unsere Beziehung zu einem Tier ähnlich stark sein kann wie zu einem Menschen. Deswegen dürfen wir uns auch hier einen Trauerprozess zugestehen.

Das Kaninchen ist sofort ins Licht gegangen, ich konnte beobachten, dass es keinen Moment zögerte. Manchmal allerdings sehe ich die Seelen verstorbener Hunde, die auf der irdischen Ebene bleiben und nicht verstehen, was passiert ist. Die Bindung zwischen Hund und Herrchen oder Frauchen ist oftmals besonders stark. Sie schwingen sich extrem aufeinander ein und die Trennung ist dann oftmals besonders schmerzhaft.

Es kann passieren, dass der Mensch das Tier nicht loslassen möchte und vor allem ein treuer Hund dann noch als Seele eine ganze Zeit bei seinem früheren Besitzer bleibt. Ich habe das einmal bei einer Frau beobachtet und dabei auch festgestellt, dass es dem Hund nicht geschadet hat. Irgendwann aber war die Trauer der Frau vorüber und es war wichtig, die Seele des Hundes nun mit einem Segen und einem dankbaren Gebet zu verabschieden.

In den allermeisten Fällen hängen Tiere nicht so sehr am irdischen Leben fest wie wir Menschen. Sie genießen das Dasein, so gut sie können. Und wenn es vorbei ist, gehen sie schnell ins Licht. Sie gehen mit dem, was ist. Sie halten sich nicht in Melancholie und emotionaler Trauer auf. Selbst bei Tieren in freier Wildbahn, von denen man weiß, dass sie trauern – beispielsweise Elefanten oder Wale – beobachte ich, dass die verstorbenen Tiere gleich ins Licht weiterziehen.

Wenn du dich von einem geliebten Wesen aus der Tierwelt oder allgemein von verstorbenen Tieren lösen möchtest, kannst du gern folgendes Gebet nutzen:

»Liebe lichtvolle geistige Welt, ich danke dir für die Erinnerung daran, wie wertvoll die Schöpfung ist. Ich danke für die lichtvolle Fügung dieser gesamten Schöpfung. Mögen Mensch, Tier und Pflanzenreich Frieden und Leichtigkeit erfahren. Möge alle das Bewusstsein des allumfassenden Friedens durchdringen.«

Familienfeiern nach dem Tod?

Erst als ich in den Westen gekommen war, wurde ich überhaupt erst mit der Idee des Jenseits konfrontiert. In der Sowjetunion wurde über all diese Dinge nicht gesprochen und ich kannte diese Vorstellung nicht. Wenn jetzt davon geredet wurde, kam es mir allerdings so vor, als würde man erwarten, auf der anderen Seite mit all seinen Lieben zusammenzusitzen und Kaffee zu trinken. Wie die meisten Menschen sich das Jenseits vorstellten, zeigt ein großes Bedürfnis nach Verbundenheit und Gemeinschaft. In meiner hellsichtigen Forschung konnte ich das in dieser Form nicht bestätigt sehen – das Jenseits gibt es, es ist dort licht- und liebevoll, aber selbstverständlich hat es nicht das menschliche Zusammensein, wie wir es aus unserer materiellen Welt kennen. Es gibt dort noch eine herzliche Verbundenheit, doch primär hat jede Seele die Aufarbeitung des bisherigen Lebens und ihren weiteren Weg ins Licht im Fokus. Wenn es für zwei Seelen wichtig ist, kann es sein, dass die vorausgegangene die nachkommende Seele in Empfang nimmt. Dann ziehen sie sich auch im Jenseits wieder an. Vielleicht inkarnieren sie auch noch einmal gemeinsam. Dann aber haben sie noch eine Aufgabe, die sie nur zusammen erfüllen können.

Ich erinnere mich da an eine Seminarteilnehmerin, die mir ihre Geschichte erzählte. Ihre Mutter war gestorben, als sie noch ein kleines Kind war. Der Vater war vollkommen überfordert und heiratete sehr schnell wieder. Die Beziehung zwischen der Tochter und der Stiefmutter war sehr schwierig, was dazu führte, dass die Tochter im jugendlichen Alter so schnell wie möglich zu Hause auszog. Die Konflikte konnten auch später nicht beigelegt werden, sodass die Tochter schließlich vom Vater sogar enterbt wurde. Mittlerweile war auch der Vater gestorben, die Tochter schien ihren Frieden mit allem gemacht zu haben, doch eine Frage beschäftigte sie: Was sagte eigentlich ihre verstorbene Mutter zu der ganzen Entwicklung?

Als ich mir die Frau genauer ansah, entdeckte ich in der Nähe ihrer Aura die Seele ihres verstorbenen Vaters. Wie ein Häufchen Elend wirkte er, er konnte seiner Tochter nicht in die Augen schauen und zeigte die gleiche Schwäche, die ihn schon zu Lebzeiten ausgemacht hatte. Während ich ihn so beobachtete, passierte etwas Interessantes: Der Himmel ging auf und die Mutter, die verstorbene erste Frau dieses Mannes, kam aus dem Licht. Sie war schon seit etwa vierzig Jahren tot und offenbar schon weit in den Astralebenen hinaufgestiegen. Sie wirkte sehr licht. Sie stellte sich zwischen die Tochter und den Vater, blickte die Tochter an und sagte zu ihr: »Ich bin stolz auf dich. Ich bin stolz darauf, was für eine starke Persönlichkeit du geworden bist. Bitte vergib deinem Vater. Er ist ein schwacher Mensch.« Sie sagte das nicht böse, nicht als Bewertung oder Urteil, sondern sie benannte einfach eine Tatsache. Dieser Mensch war sehr schwach in seiner Persönlichkeit und man kann auf niemanden böse sein, der nicht die Kraft dafür hat, es besser zu machen.

Als die Tochter die Worte ihrer Mutter hörte, kullerten die Tränen über ihr Gesicht. Ihr ganzer Groll löste sich auf und in dem Moment, wo sie die Vergebung spürte, begann auch der Vater zu weinen. Er schaute seiner Tochter zum ersten Mal in die Augen und sagte: »Bitte vergib mir.«

Ich forderte die Seele des Mannes auf, die Hand seiner Frau zu nehmen, die immer noch engelsgleich bei ihnen stand, und mit ihr nach oben ins Licht zu gehen. Tatsächlich nahm er ihre Hand und sie gingen gemeinsam auf einem Lichtstrahl dahin. Es war ein sehr berührender Moment.

Diese Geschichte zeigt wieder einmal sehr schön, dass keine Seele verloren ist und niemand verurteilt wird. Jeder muss seine innere Läuterung in sich selbst erfahren, indem er seine Gefühle zulässt und durchlebt. Alles entwickelt sich so, wie es die Seele braucht. In diesem Fall ist eine nahe Bezugsperson noch einmal aus den oberen Astralebenen herabgestiegen, um die Seele dieses Mannes zu unterstützen, die offenbar keine Resonanz zu Spiritualität und Engeln hatte.

Für viele Trauernde ist es ein Trost, wenn sie sich vorstellen, dass sie ihre Verstorbenen später im Jenseits wiedertreffen können. Oder sie freuen sich daran, dass sie ab und an ein Zeichen von ihnen erhalten können. Plötzlich liegt vielleicht ein Parfümduft in der Luft oder der typische Zigarrenqualm des Großvaters. Tatsächlich sind solche Botschaften oft sehr heilsam. Doch am Ende stehen immer neu der Abschied und die Eigenständigkeit auf dem seelischen Weg.

Seelen, die (erneut) auf die Erde wollen

Es stellt sich vielen die Frage, ob es immer genügend Seelen gibt, die hierher auf unseren Planeten kommen wollen. Die Weltbevölkerung ist in den letzten Jahrzehnten enorm gewachsen – wo kommen plötzlich all diese Seelen her?

Wenn ich über diese Dinge nachsinne, dann sehe ich Gott nicht in Form eines bärtigen Mannes, sondern als ein allumfassendes Licht. Es ist eine unendliche Lichterscheinung. Die Seelen sind dabei wie kleine Lichter, die sich nicht komplett vom großen Licht abspalten, sondern einfach Teil davon sind und mit ihm verbunden bleiben. Ein Meer von Teelichtern gewissermaßen. Es gibt hier keine Begrenzung, wie viele es werden könnten. Das allumfassende große Licht kann sich in unendlich viele Lichter aufteilen und alle bleiben dennoch eins. Es gibt hier keinen Anfang und kein Ende.

Tatsächlich existieren viele Seelen, die schon zahlreiche Inkarnationen durchlebt haben und entsprechend viel Lebenserfahrung mitbringen, wenn sie erneut auf die Erde kommen. Und es gibt Seelen, für die eine irdische Erfahrung noch recht neu ist. Nichts davon ist besser oder schlechter.

Jede Seele muss allerdings die siebte obere Astralebene erreicht haben, bevor sie neu inkarnieren kann. Sie muss sich selbst als Liebe begreifen. Wäre das nicht so, dann würden sich manche Seelen immer tiefer in schmerzvolle Muster und Geschichten hineinverstricken und es würde ihnen unendlich schwer gemacht, eine lichtvolle Entwicklung zu vollziehen. Würden sie aus ihrem unerlösten Zustand heraus gleich wieder einen neuen Körper und eine neue Individualität annehmen, würde sich die Spirale bei recht vielen immer weiter nach unten drehen. Denn auf der Erde ist es sehr anspruchsvoll, lichtvoll und in der Liebe zu bleiben und sich von negativen Emotionen nicht vereinnahmen und herunterziehen zu lassen. So aber kann die Seele mit Unterstützung der lichtvollen geistigen Welt ihren Läuterungsprozess durchlaufen, sich schließlich in der allumfassenden Liebe erfahren, intensiv auftanken und dann ins neue Erdabenteuer gehen.

Gemeinsam mit ihrem Schutzengel entscheidet die Seele entsprechend ihrer Resonanz, wann und wie sie wieder reinkarnieren will. Es ist ihr Bestreben, durch eine neue Erfahrung als Mensch noch mehr in die Liebe hineinzuwachsen und gewissermaßen den Himmel auf die Erde zu bringen. Im Jenseits können wir uns niemals auf die Weise erleben wie auf der Erde. Es ist die stärkste

Form der Selbstwahrnehmung, wenn wir sinnliche Erfahrungen wie das Sehen und Hören, das Schmecken, Riechen, das Berühren und Berührtwerden erfahren. So können wir uns allumfassend entfalten, unsere Erfahrungen mit in die seelische Ebene nehmen und die Liebe leben.

Der Erfahrungsschatz aus bisherigen Existenzen steht uns in einem neuen Leben zu guten Teilen zur Verfügung. Was wir emotional einmal entwickelt haben, bleibt uns. Auch bestimmte Fähigkeiten, wie im Bereich der Sprachen oder der Musikinstrumente, sind latent noch in uns und könnten abgerufen werden. Es ist eine fließende Mischung daraus, dass wir einerseits eine individuelle Färbung und bislang gemachte Erfahrungen in die neue Existenz mitnehmen, zum anderen aber durch den Schleier des Vergessens auch scheinbar wie ein leeres Blatt Papier neu zur Welt kommen. Es ist beides.

Wir können als Seele nicht sagen, dass wir im nächsten Leben gern das Talent hätten, ein Klaviervirtuose zu sein oder besonders hellsichtig. Unsere Gaben entwickeln sich über die Zeiträume hinweg mit uns mit. Auch unser Aussehen gestaltet sich nach dem, was wir in uns tragen und womit wir uns in Resonanz befinden. Außerdem hängt es natürlich von den elterlichen Genen und von der Kultur ab, in die wir hineingeboren werden. Für eine Vielfalt an Erfahrungen, wie sie die Seele machen will, wäre es nicht sinnvoll, wenn wir immer gleich aussehen würden und auch in unseren Fähigkeiten gleich ausgestattet wären.

Wenn wir eine neue Inkarnation beginnen, haben wir bereits unzählige Erfahrungen gemacht, und diesen Schatz bringen wir in unserem Geistkörper und in unserem Emotionalkörper mit auf die Erde. Wir sehen es, wenn wir einem Baby in die Augen schauen – es bringt seine reiche Individualität bereits mit. In der jetzigen Inkarnation macht es neue Erfahrungen – speziell in der

Konstellation seiner Familie, seiner Epoche und seiner Kultur. In früheren Inkarnationen hat es vielleicht herausfordernde familiäre Situationen gemeistert oder besonders anspruchsvolle Berufe ausgeübt und darin seinem großen Schatz an Wissen und Weisheit wertvolle Erfahrungen hinzugefügt. Jetzt geht die Lebensreise in dieser neuen Form weiter, wo all das bisher Gelernte angewendet werden kann und neue Lernschritte anstehen.

Unseren Körper haben wir nur für einige Jahrzehnte. Er ist das kostbare Gefäß für unsere Lebensreise. Die Erfahrungen im Geistigen und auf der emotionalen Ebene sind hingegen unsterblich und auf sie dürfen wir immer neu zurückgreifen. Auf sie sollten wir daher auch den Fokus in unserem Leben legen. Wenn jemand stirbt, können wir uns würdevoll um seine sterblichen Überreste kümmern. Doch wir brauchen weder bei einem anderen Menschen noch einem geliebten Haustier oder bei uns selbst an der körperlichen Hülle hängen zu bleiben. Es geht um die Erfahrungen, um die Weisheit, die wachsen durfte, und um die Liebe, die in der Seele weiterlebt.

Zum Ausklang: Sterben, nachdem wir wirklich gelebt haben

Über die jenseitigen Welten zu sprechen und zu schreiben, ist das Heiligste, was ich je gemacht habe und je machen könnte. Auch andere Themen sind mir wichtig, doch das, was ich hier zu geben habe, kann tatsächlich nur ich auf diese Weise geben. Meine Form der Hellsichtigkeit scheint etwas sehr Außergewöhnliches zu sein und ohne dass ich es gewollt hätte, forsche ich damit schon seit Jahrzehnten über die Themen göttliches Bewusstsein, Engel, unsterbliche Seele und Tod und den weiteren Weg der Seelen. Ich habe meine ganze Kindheit und Jugend unter meinen besonderen Gaben gelitten und sehr damit zu kämpfen gehabt. Doch ich durfte die Aufgabe annehmen und etwas Wundervolles und für sehr viele Menschen Hilfreiches und Tröstliches daraus entwickeln. Niemals hätte ich mir vorstellen können, irgendwann so zu leben, wie ich es heute tue. Eingebettet in eine stabile und liebevolle Familie, in der Welt tätig als spirituelle Lehrerin, Cosmogetische Heilerin und Buchautorin. Ich liebe diesen Satz: Schicksal ist, wenn du etwas findest, wonach du nie gesucht hast, und dann feststellst, dass du nie etwas anderes wolltest.

Heute weiß ich: Je mehr wir uns unserer göttlichen Seele bewusst sind, umso mehr Wert legen wir auf ein harmonisches und friedvolles Leben. Äußerer, materieller Erfolg ist uns dann sicherlich noch angenehm, aber längst nicht mehr so wichtig. Solange wir uns nur auf das Äußere verlassen, nur damit befasst sind und nichts anderes an uns heranlassen, sind wir in Gefahr, eines Tages so zu sterben, als ob wir nie gelebt hätten. Da du dieses Buch nun schon bis an sein Ende gelesen hast, dürfte diese Gefahr für dich kaum noch bestehen. Wenn ich dir helfen konnte, sie in deinem Leben aufzulösen, dann hat es sich bereits gelohnt.

Es ist nicht möglich, alle Aspekte des Themas Tod, Sterben und Jenseits in einem Buch zu behandeln. Sicherlich wirst du viele Fragen haben, die ich hier nicht beantwortet habe. Dennoch glaube ich, dass ich dir das aus meiner Sicht Wesentliche mitgeben konnte. Es geht nicht darum, alles zu verstehen. Das ist in diesen Bereichen auch nicht möglich. Aber wir können ein Gespür dafür bekommen, worum es im Leben, im Sterben und auch in den wiederkehrenden Inkarnationen wirklich geht. Es lässt sich in einem Wort zusammenfassen: Liebe. Zu diesem Wort führt alles, was ich in diesem Buch geschrieben habe. Mit all den Fallgeschichten, meinen Erfahrungen und den verschiedenen Gebeten kannst du immer neu in Resonanz gehen, bis du immer mehr genau diese Liebe spüren kannst, die Himmel und Erde verbindet und damit auch dich und deine Lieben, ob sie gerade auf der Erde weilen oder als Seelen in den Astralwelten sind.

Leben und Tod, Geburt und Sterben, sie gehören untrennbar zusammen. Wir wechseln einfach nur die Dimension und die Ebene, auf der wir schwingen. Wenn wir uns dessen bewusst geworden sind, können wir uns klar auf das fokussieren, was uns im Leben wirklich wichtig ist. Wir können uns nicht aussuchen, wann und wie wir eines Tages von dieser Erde gehen werden. Wir wissen nur, dass wir eines Tages sterben, und wir können entscheiden, wie wir jetzt leben.

Charlie Chaplin soll einmal sinngemäß gesagt haben – und es klingt für mich so, als hätte auch er die Worte der Engel verstanden: »Lebe so, wie du es für richtig hältst, und geh, wohin dein Herz dich führt. Das Leben ist ein Theaterstück ohne vorherige Probe. Darum singe, lache, tanze und liebe. Und lebe jeden einzelnen Augenblick deines Lebens, bevor der Vorhang fällt und das Stück ohne Applaus zu Ende geht.«

Unsere gemeinsame Reise hier in diesem Buch geht nun zu Ende und wenn ich sie Revue passieren lasse, dann war unsere Reise ins Jenseits eigentlich eine Reise hinein ins Leben. Ich hoffe, dass auch du bereits jetzt oder bald für dich sagen kannst: Indem ich die Angst vor dem Tod verloren habe, habe ich auch die Angst vor dem Leben verloren. Darum singe, lache, tanze und liebe.

Über die Autorin und weitere Informationen

Jana Haas ist in Kasachstan geboren und 1992 nach Deutschland gezogen. Seit ihrer Kindheit verfügt sie über die Gabe der Hellsichtigkeit und kann geistige Dimensionen genauso deutlich sehen wie die materielle Welt. Mit ihrer liebevollen, klaren Ausstrahlung und ihren Büchern eroberte sie eine große Fangemeinde. In zahlreichen Vorträgen, Seminaren und Webinaren gibt sie ihr Wissen weiter. Die Autorin lebt am Schweizer Ufer des Bodensees.

Mehr Informationen unter www.janahaas.com

Online-Ausbildung zum Cosmogetischen Trauerbegleiter

Für all diejenigen, die tiefer in das Thema dieses Buchs einsteigen wollen, biete ich Ausbildungen zum Cosmogetischen Trauerbegleiter an. Begib dich auf eine bewegende Reise und verstehe die Zusammenhänge zwischen Leben und Tod. Lasse dich auf den lichtvollen Weg der unsterblichen Seele ein und komme damit deinem Lebenssinn näher.

Infos unter: www.janahaas.com

Jana Haas – Kinderhilfe e. V.

Ziel des gemeinnützigen Vereins ist es, Kindern und Jugendlichen ein besseres und menschenwürdiges Leben zu ermöglichen und eine Heimat zu geben. Wir sind auf Spenden angewiesen. Alle eingehenden Spenden gelangen zu 100 Prozent, ohne jeglichen Abzug, zu den Empfängern.

Näheres unter: www.janahaas-kinderhilfe.de

Spendenkonto: Sparkasse Bodensee
Jana Haas – Kinderhilfe e. V.
IBAN: DE79 6905 0001 0024 6628 01
SWIFT-BIC: SOLADES1KNZ

Lieferbare Werke von Jana Haas

Engel und die Neue Zeit: Heilwerden mit den lichten Helfern (Allegria)

Engelkarten – 44 Lichtbotschaften mit Anleitung (Allegria)

Schutzengel: Wie uns die himmlischen Begleiter zur Seite stehen (Knaur)

Jenseitige Welten – Die Reise der Seele ins Licht (Knaur)

Himmlisches Wissen – Ein erfülltes Leben mit Hilfe der Engel (Knaur)

Seelenplan – Was unser Schicksal bestimmt (Goldmann, auch als Hörbuch bei Trinity)

Heilen mit der göttlichen Kraft – Aktiviere deine inneren Heilkräfte mit Cosmogetic® Healing (Goldmann)

Jede Seele ist in der Liebe zu Hause – Das Geheimnis einer erfüllten Partnerschaft (Knaur)

Dein Herz kennt den Weg – Alle Antworten, die du jemals gesucht hast (Goldmann)

Das Mysterium der Bäume – Selbsterkenntnis, Liebe, Heilung (Trinity)

Das Seelenhören – Innere Stärke in herausfordernden Zeiten (Goldmann)

Mein Seelenweg ins Licht (Arkana)

Gebetskarten – Ein Engel für dich – 52 Lichtkarten mit Anleitung (Arkana)

Seelenbewusstsein in der Neuen Zeit – Selbstfindung auf dem Pfad der Mystik (Aquamarin)